中國典籍日本注釋叢書

五經卷

4

毛詩品物圖考

[日]林羅山 等撰
張培華 編

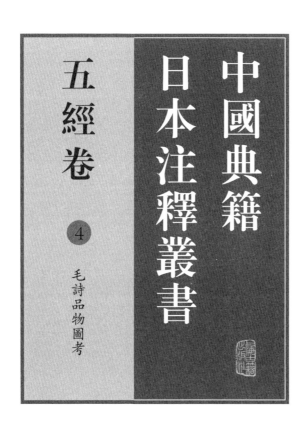

目録

毛詩品物圖考　［日］岡潾齋　撰

毛詩品物圖考

[日]岡澹齋 撰

岡公翼先生纂輯

毛詩品物圖攷

書坊
平安杏林軒
浪華五車堂
仝梓

序

詩經品物圖攷序

艸木鳥獸蟲魚之各揮其天而遊也人悲歡怨樂會與之觸油然感興不能自已者發而為詩其所以相投之機至微而切雖詩人有不能自喻者也故後之學詩者不能審其所感之物而知其形神之詳則焉能得察詩人性情之微以興觀哉則多識之學豈一誘

之末藝漫而不講哉仲尼固曰多識於鳥
獸艸木之名是先哲所以有多識小識辨
解等作也古人曰百聞不如一見言之不足
以畫意也虛中而節謂之竹則人將誤
認蘆爲短翮而啾謂之雀則人將誤認
燕爲顧指之屏上畫雖兒童不惑是其
叢者尚爾況乃物類之賾形似之疑
雖以巧喻博證恐有不能辨者爲是圖

之所以不可以已也吾徒之爾茅曰坐帳帷耳目所接不過戶庭之間是以軒檻所植階除所馴或不能辨識況於林野之雜卉乎況於遐陬之異類乎嚮之數書喻雖巧矣證雖博矣并其喻者與證者昧焉昧之其曰讀詩能言雎鳩為魚鷹鳥矣詰以喙翼何若則塞焉能言卷耳為鼠耳

矣詰以水陸舄在則赧然是余所以有多識花鳥之擧也事之不謀而同者浪華岡君公翼先我有詩經品物圖是可喜也公翼業醫其於本艸固極精極博如於此圖乃繪餘左右逢原者猶尚考核不苟皆照真寫生至于郊畿不常有若白山之鳥常陸之獐則必徵之其州人遐陬絕境

雖遠不遺是以其書成不獨其形色逼真其香臭艷凈狠馴猛順之情欝然可挹指示兒童亦能一閱即了不復煩頰舌余徒足跡不下堂而牖林邃谷之物類雜陳几上得形色神情之詳乃以此求詩人之所以託興者其庶幾乎刻成乞序余喜其先得我心之所同也不得不為之繁言而

志喜也乙巳仲春

東讚紫邦彥撰

毛詩品物圖考序

五經舊有圖解。其用既多。而詩爲其最。蓋六義所取。鳥獸草木一動一靜。一枯一榮。細悉纖濃。靡所不至。非有圖解。則其言愈繁。其義愈隱矣。或曰。學者苟省察六義所取。以通達其歸趣。則何必問區區形容哉。固矣夫爲詩也。夫關雎騶虞者物也。有別不殺者性也。詩人取以爲義則亦其義也。若欲知其義。而不求于其性。則將安乎取之。是故。欲知其義者。先求于其性。欲求于其性者。先求于其物。欲求于其物者。先求于其形。其形不可常得。圖解其庶幾乎。詩云。雖無老成人。

尚有典刑此之謂也今也架空設心以爲詩人博物應定有其物有其義而果如各篇所詠未可必用屑屑焉根尋其然否斯亦足矣是猶矮人觀場從人啼笑問之則曰前人豈欺我哉省察云通達云簾視壁聽居然隔一層焉浪華岡氏元鳳所著毛詩品

物圖考。辨紫朱於似。指獐鹿不謬。爬羅剔抉。殆無遺憾。頃日京板既成。郵書索言。予喜其有益於詩學不鮮。故序以告于學夫詩者如此。

天明四年甲辰冬十月五日

西播　那波師曾撰並書

毛詩品物圖攷序

夫情緣物動物感情遷詩三百篇觸於物而之於情者也而情豈有古今哉自名物不覈讀詩者滯其義或覺不近於人情故名之與物不可不辨也世代變遷異稱殊訓註家所傳本亦不同綠竹之猗爲草爲芭隰有六駮或動或植疑似混淆莫之能正末說紛紜愈出愈亂名之不明物其竟

晦矣彼已憒憒況我東方乎訛傳經久沿習相襲處乎千載之下居乎萬里之外差亦難道也古之學者乃謂古今之異華和之分何以能識而辨之區區于此非通儒之所為蓋其言則是矣雖然此言一出其可識者均附之於不可識而止詩之名物竟不可辨也余惟泰媪之覆載日辰之附麗風雲雨露之行施河海山嶽之流峙今

視猶古也而夭者喬者翔者走者鳴而躍者呴沫而潛者蠢然蕃殖其閒豈又有古今異種哉且夫我之於華地方雖殊風氣極類土產品物畧備夫著㖧㖧傳忞忞苟能求焉未有不合者也訂其訛徵其實遡而洄焉則視今猶古也耶然後田畯紅女之喁喁迺可以見已近世一二儒先稱首及之雜殆匡正余便纂斯編以便幼學固

欲一覽易曉不要未説相軋毛鄭朱三家為歸有異同者會稡羣書而折之採擇其物畧寫其形要令識其可識者耳而不可識者闕如庶為讀詩之一助也

浪華岡元鳳撰

筱應道書

毛詩品物圖攷目錄

毛詩品物圖攷卷一

浪華岡元鳳纂輯

草部

參差荇菜 アサヽ

傳荇接余也集傳根生水底莖如釵股上青下白葉紫赤圓徑寸餘浮在水面○顏氏家訓今荇菜是水有之黃華似蓴按此方荇葉圓而稍羨又不若蓴之尖也彼中書多言蓴似荇而圓蓋土產之異也

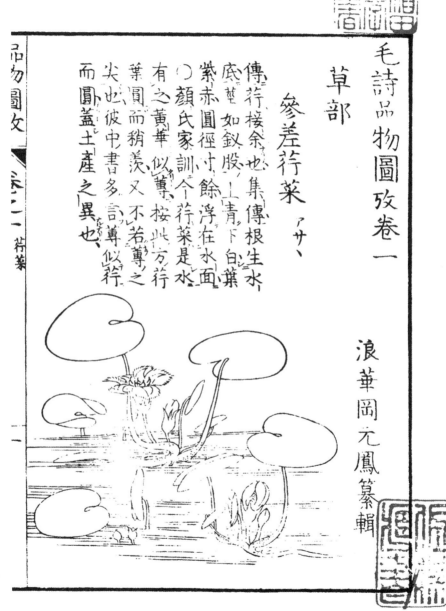

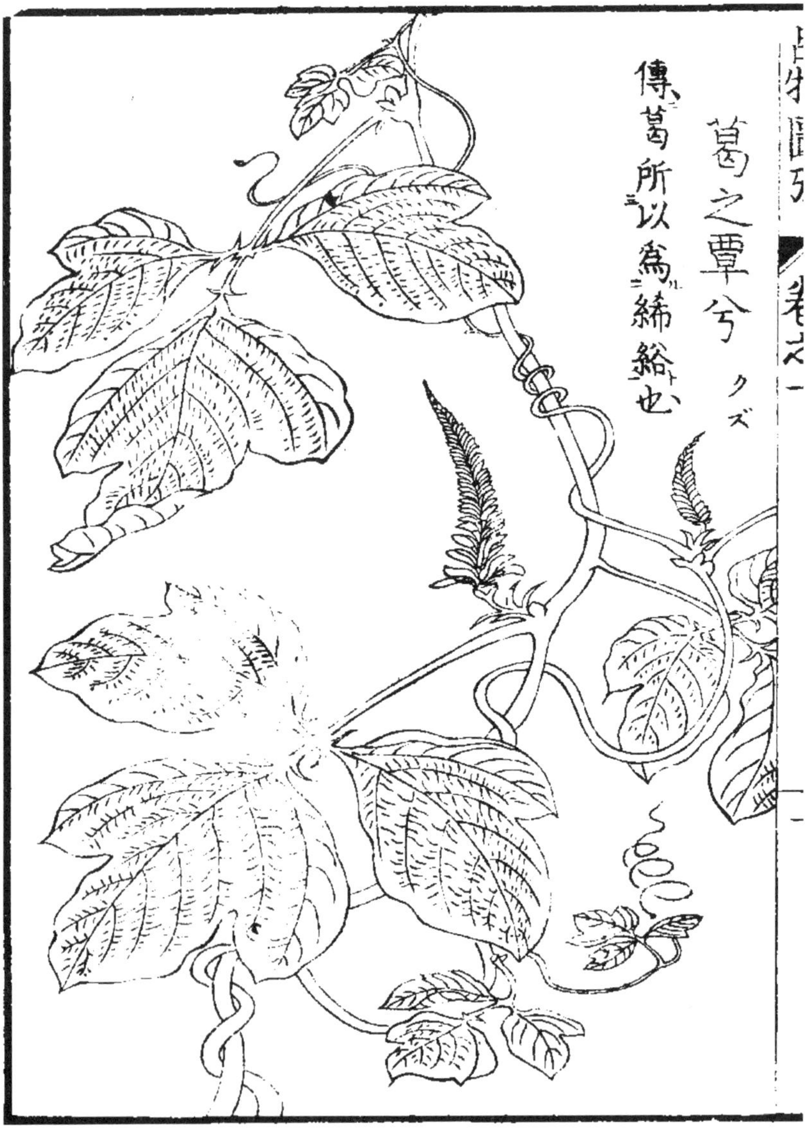

葛之覃兮　クズ

傳葛所以爲絺綌也

采采卷耳 三八オ

傳、卷耳、苓耳ナリ也集傳、枲耳葉如鼠耳叢生如盤

葛藟虆之

集傳、藟葛類○毛氏無解乃チ知ル葛藟是一類不應解爲別物

采采芣苢

オホバコ

傳、芣苢馬舃。馬舃、車前也。集傳、大葉長穗、好生道旁。

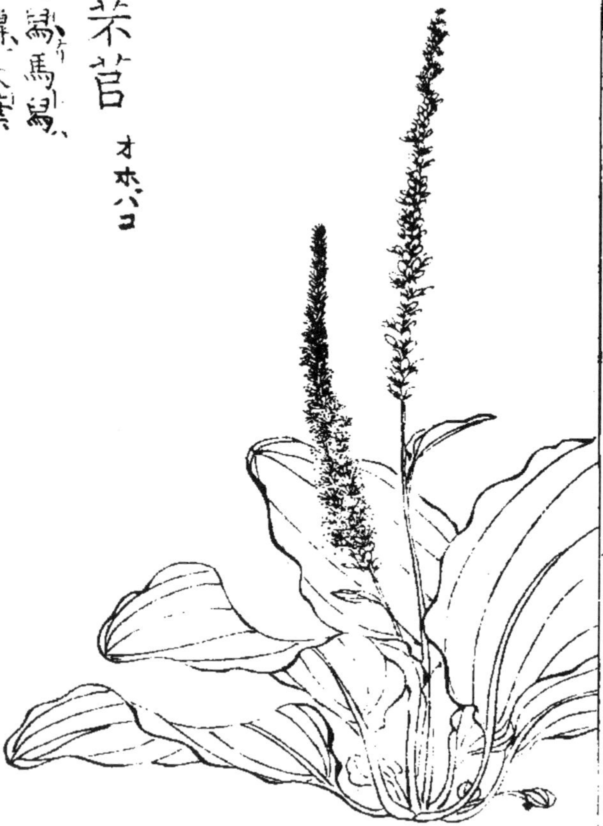

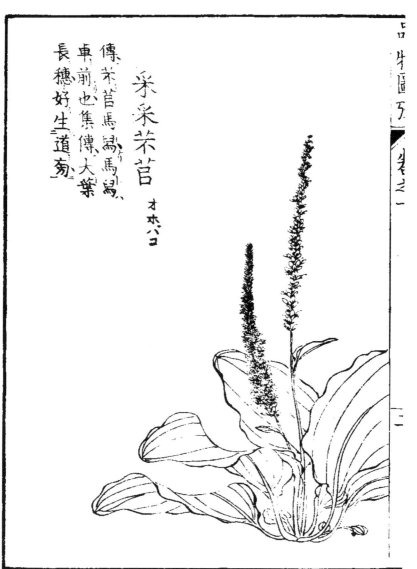

言刈其蔞

ヌマヨモギ

傳蔞草中之翹翹然集傳蔞蔞蒿也葉似艾青白色長數寸生水澤中○集傳依陸疏數寸下當補入高丈餘三字蔞蒿和謂之沼蒿又名伊吹艾江州伊吹山多生

于以采蘩　カハラハヽコ

傳蘩皤蒿也集傳白蒿也○邢昺云皤猶白也白蒿此六葛華刺髮髮哥或以出佐渡州白艾爲蘩按蘩繁衍易生之草因以得名白艾在他州難茂生爲不實當

言采其蕨 ワラビ

傳蕨鼈也集傳初生無葉時可食

言采其薇 セニミヒ

傳薇菜也集傳似蕨而差大有芒而苦山間人食之謂之迷蕨

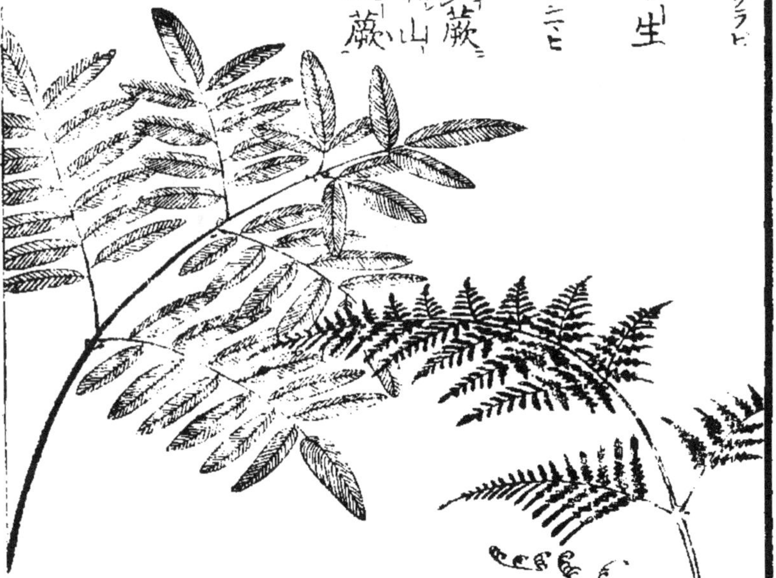

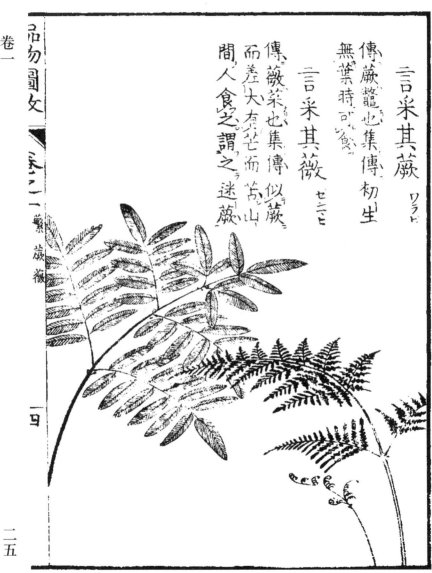

于以采蘋 ドウガメノカヾミ

傳、蘋大蓱也。集傳、水上浮萍也。江東人謂之薸。○毛氏與爾雅萍蓱其大者蘋云其說相合。朱傳誤以小萍爲大萍。說者不察、羅願謂四葉菜爲蘋、李時珍亦和之。蘋浮生水上者、四葉菜托根水底、非萍之屬。陳藏器云、蘋葉圓闊寸許、葉下有一點如水沫、一名芣菜。此說爲得。芣菜此方亦呼水鼈。

羅願所說蘋四葉菜即田字草

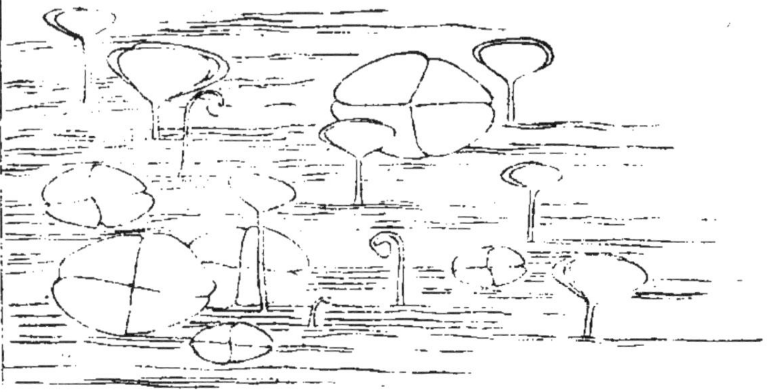

于以采藻 モ

傳、藻聚藻也。集傳、生水底，莖如釵股，葉如蓬蒿。

白茅包之 チカヤ

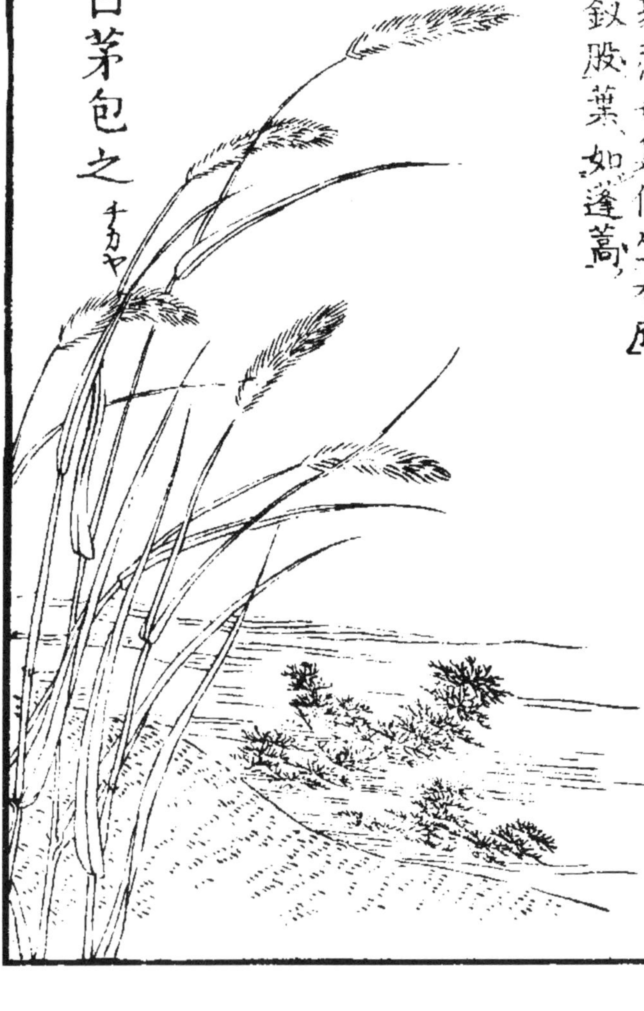

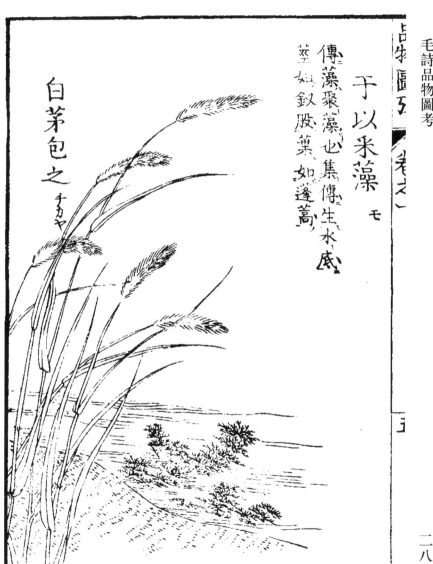

彼茁者葭ヨシ アシ

傳葭蘆也集傳亦名葦也葭通雅菼亂萑荻蒹也葭蘆葦也按亂萑菼荻也葭葦蘆也蒹別爲一種見本條

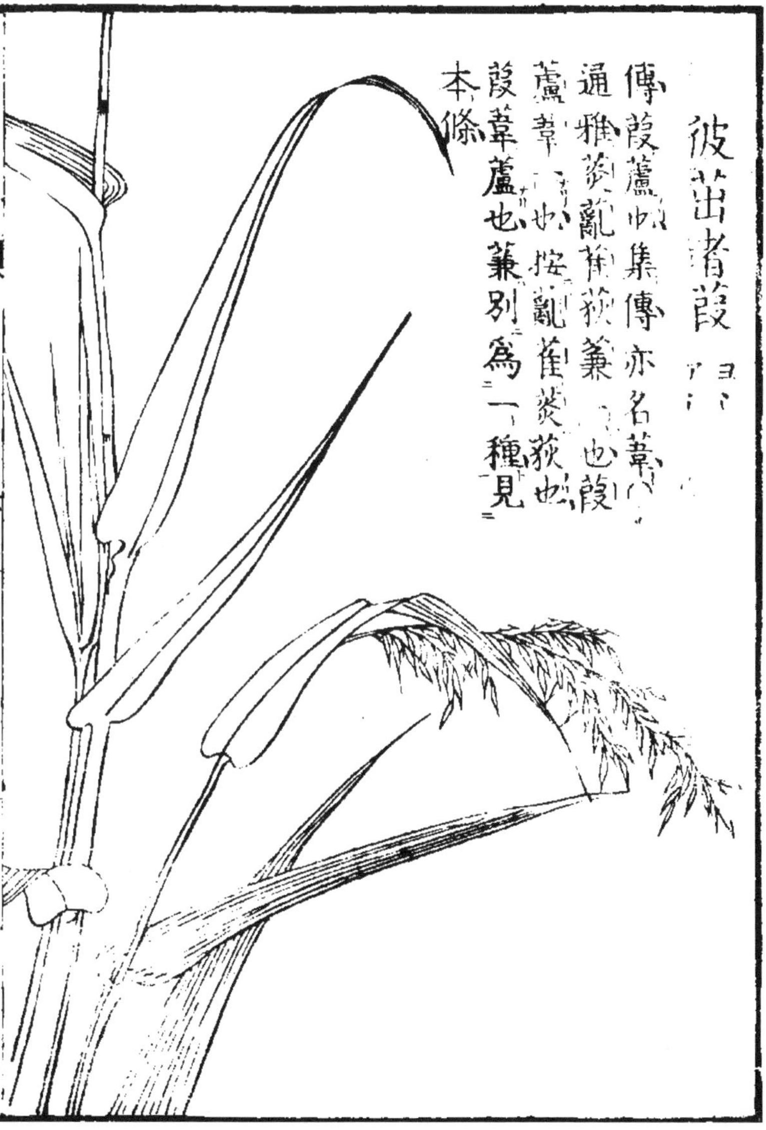

彼茁者蓬

傳蓬草名也集傳其華如柳絮聚而飛如亂髮也蓬生水澤葉如瞿麥花如初綻野菊後作絮而飛所謂飛蓬也

匏有苦葉 ヒサゴ

傳匏謂之瓠瓠葉苦不可食也集傳匏瓠也匏之苦者不可食特可佩以渡水而已○埤雅長而瘦小曰瓠短頸大腹曰匏按匏苦瓠甘本是兩種只以味定之不可以形狀分別也

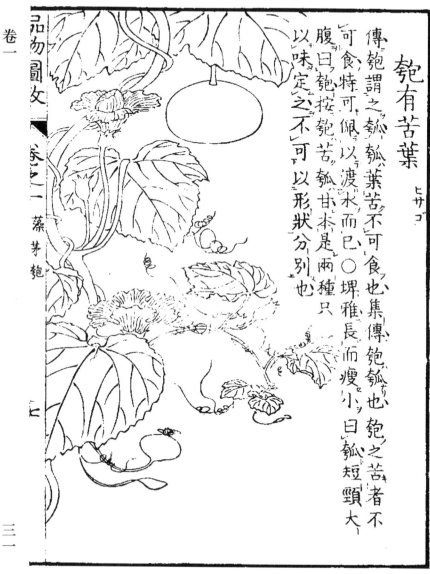

采葑采菲

葑 スカンバウ　菲未詳

傳葑須也菲芴也箋此二菜者蔓菁與葍之類也皆上下可食然而其根有美時有惡時采之者不可以根惡時并棄其葉集傳葑蔓菁也菲似葍莖麤葉厚而長有毛○爾雅須薞蕪註似羊蹄葉細酢可食然則須今思各莫拔姑也集傳從鄭氏云蔓菁則今葛不賴也二說不同

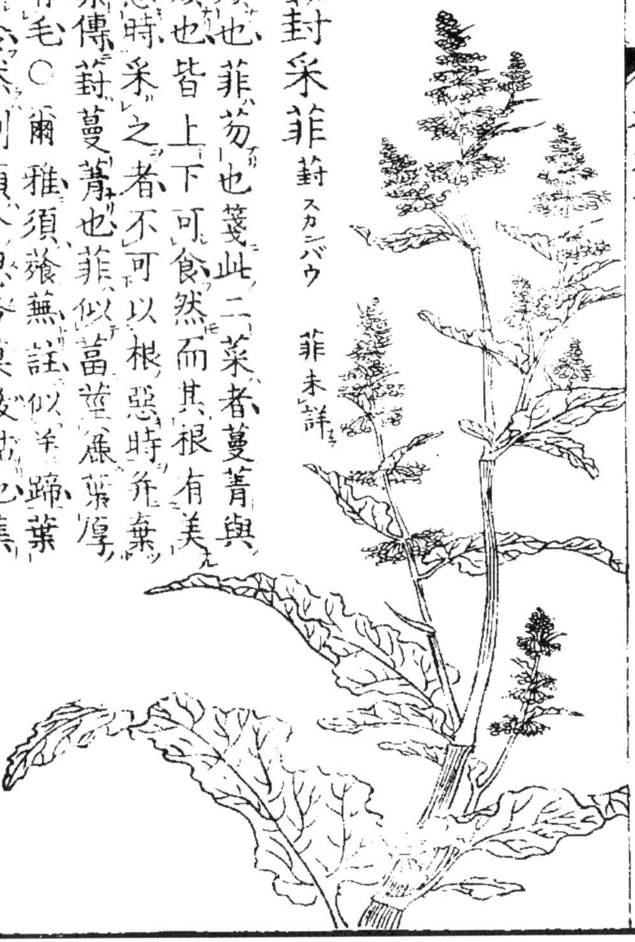

誰謂荼苦 ノチリ

傳荼苦菜也集傳苦菜蓼屬也○爾雅疏此味苦可食之菜易緯通卦驗玄圖云苦菜生於寒秋經冬歷春乃成月令孟夏苦菜秀是也嚴緝經有三荼一曰苦菜二曰委葉三曰英荼此苦及唐采苦采苦繇董荼如飴皆苦菜也良耜以薅荼蓼委葉也鄭有女如荼英荼也鴟鴞予所捋荼傳云荼苕疏云葦之秀穗亦英荼之類集傳蓼屬恐與良耜荼蓼混

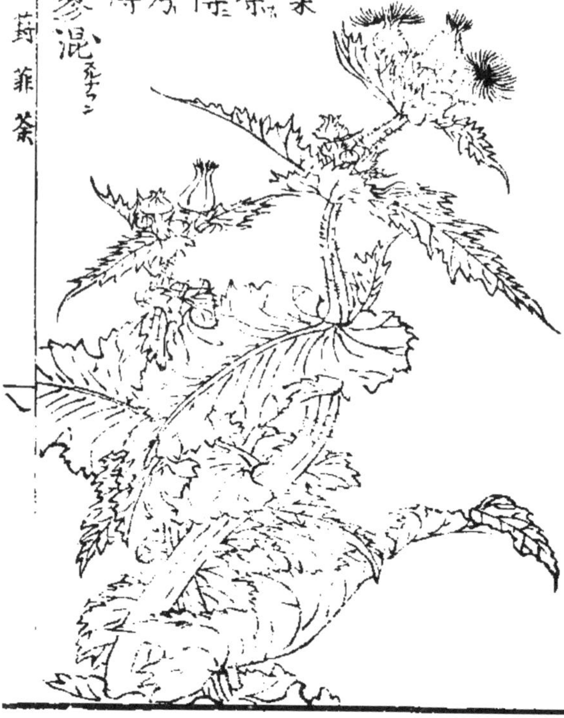

其甘如薺 ナヅナ

集傳薺甘菜

隰有苓

傳苓大苦集傳苓一名大苦葉似地黄即今甘草也○集傳從爾雅註而形狀不類藥中甘草沈存中乃謂黄藥也郭必別有所指

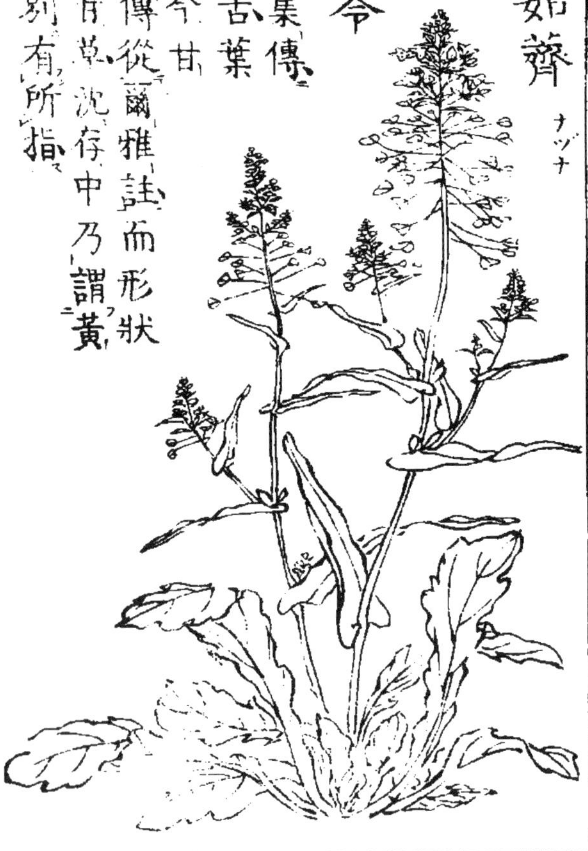

自牧歸荑

傳荑茅之始生也○茅春生芽如針謂之茅針

牆有茨

ハマビシ

傳茨蒺藜也集傳蔓生細葉子有三角刺人

爰采唐矣

子ナレ カヅラ

傳、唐、蒙、菜名、集傳、唐、蒙菜也、一名兎絲、○爾雅、唐蒙、女蘿、女蘿、兎絲、孫炎分三名、郭璞別四名、其異在唐與蒙也、邢昺云、詩直言唐、而傳云唐蒙也、是以蒙解唐也、則四名爲得矣、弁女蘿是松蘿、即與唐異、

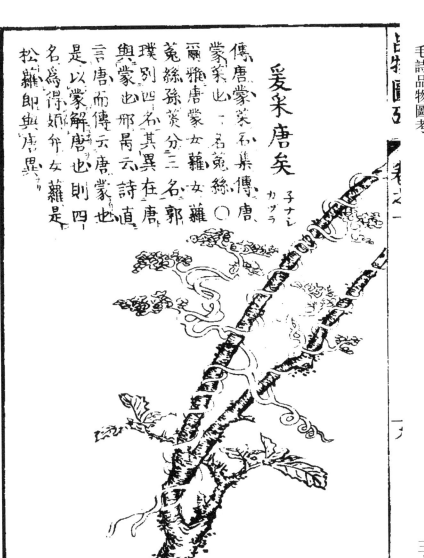

爰采麥矣（ムト）見來年

集傳、麥穀名、秋種夏熟者

言采其蝱（ハツユリ　アミガサユリ）

傳、蝱貝母也、集傳、主療鬱結之疾○貝母今多有之、名捌紫由栗、莖葉俱如百合、花類鋼鈴蘭、心根聚貝子

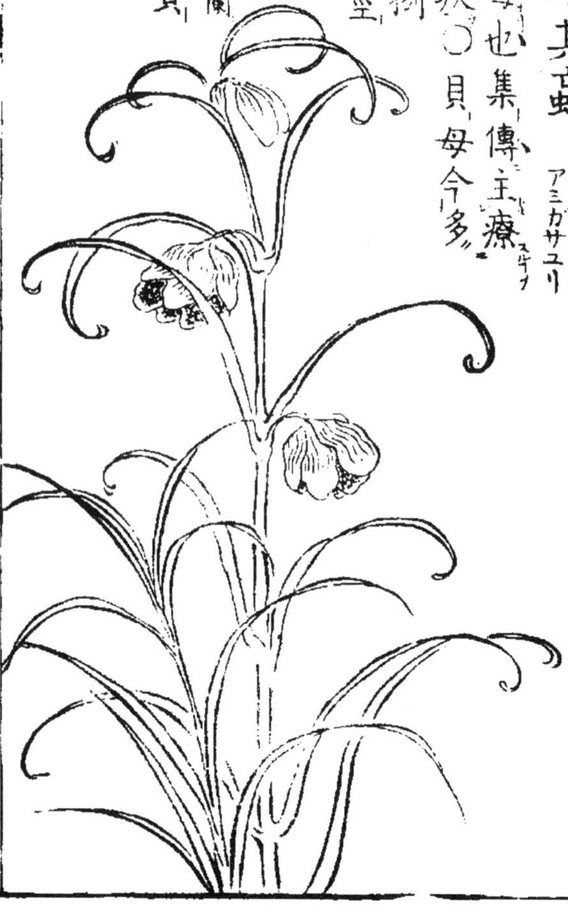

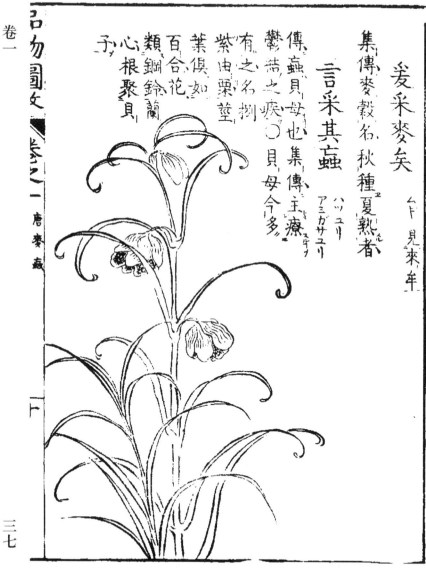

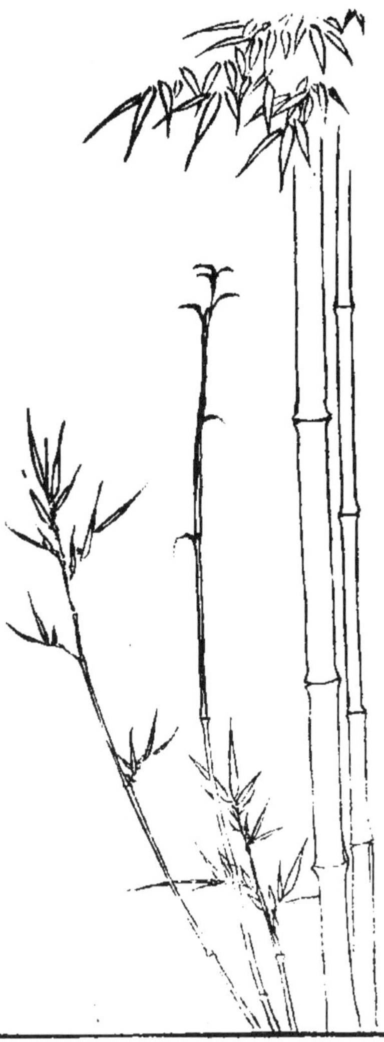

綠竹猗猗

タケ

傳、綠王芻也竹萹竹也集傳綠色也淇上多竹漢世猶然所謂淇園之竹是也○綠竹之解集傳爲勝但毛氏舊說不可不存焉

齒如瓠犀

瓠見匏條

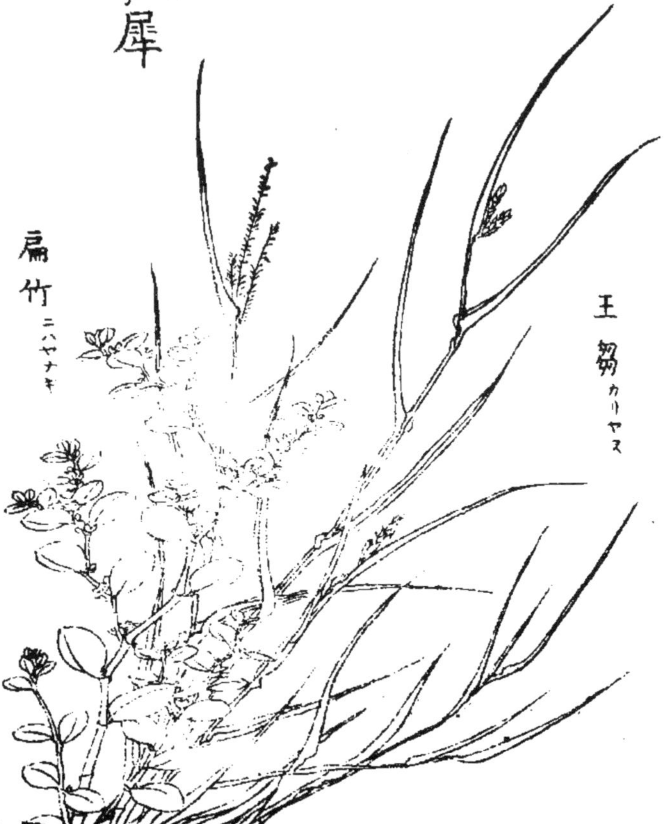

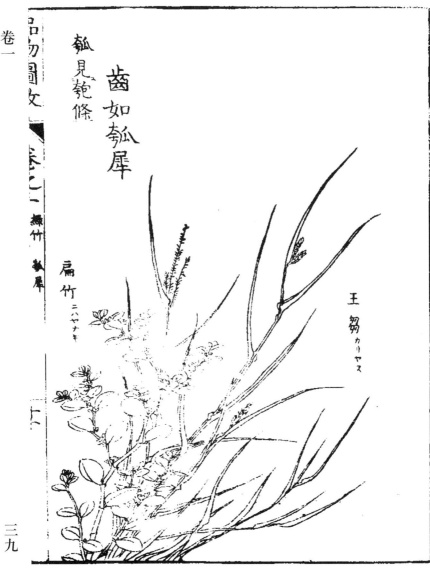

葭菼揭揭　ヲギヨシ

傳菼亂也集傳亦謂之荻

○孔疏初生者爲菼長大

爲亂成則爲萑

芄蘭之支　ガヽイモ

傳芄蘭草也集傳一名蘿

摩蔓生斷之有白汁可啖

一萆杭之 見葭

集傳萆兼葭之屬

焉得諼草 ワスレクサ

傳諼草令人忘憂集傳諼草合歡食之令人忘憂者〇集傳因諼草以及合歡不以合歡解諼草合歡樹名諼又作萱

彼黍離離彼稷之穗

集傳、黍穀名、苗似蘆高丈餘穗黑色、實圓重、稷亦穀也、一名穄、似黍而小、或曰粟也、○粘者為黍、不粘為稷、如稻之有秔糯、黍亦名秫、以為酒、稷為飯、稷古者明祀用之、禮稷曰明粢、左傳粢食不鑿是也

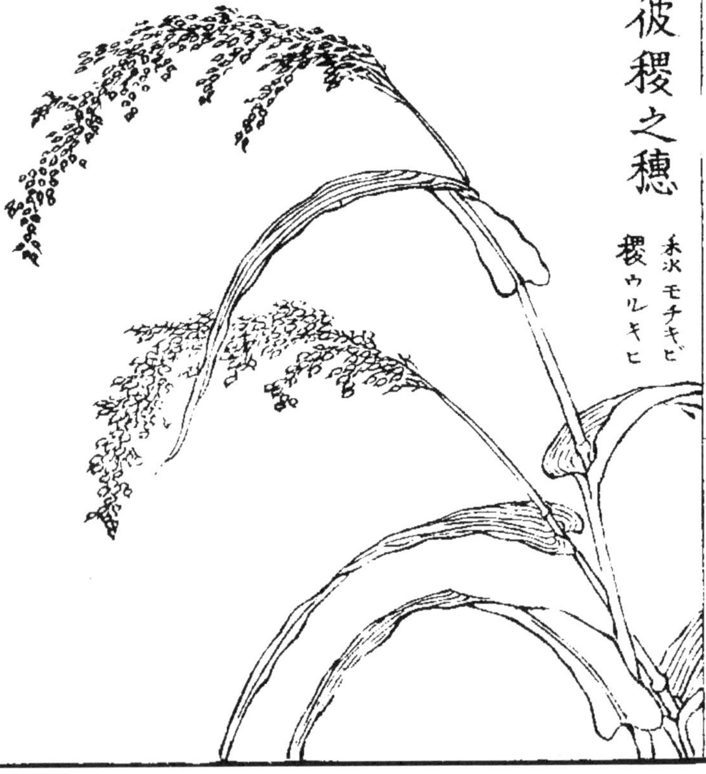

黍 モチキビ
稷 ウルキビ

中谷有蓷 メハジキ

傳蓷鵻也集傳葉似萑方莖白華華生節間即今益母草也○萑當作荏孔疏引爾雅註誤荏作萑集傳亦訛耳郭註本作荏埤雅亦同

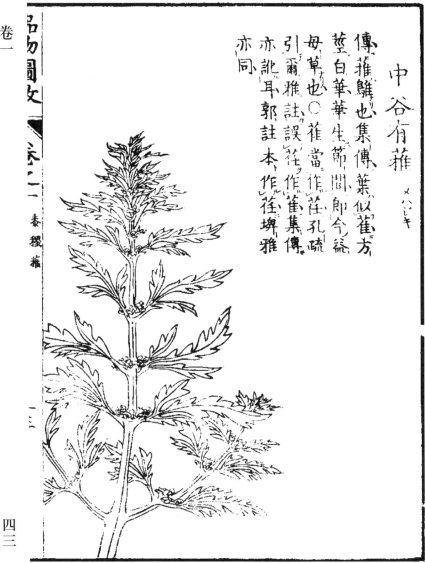

彼采蕭兮

カハラセウハ

集傳蕭荻也白葉莖麤科生有香氣○埤雅今俗謂之牛尾蒿

彼采艾兮 ヨモギ

傳艾所以療疾集

傳蕭屬乾之可灸

丘中有麻 アサ

集傳麻穀

名子可食

皮可績爲

布者

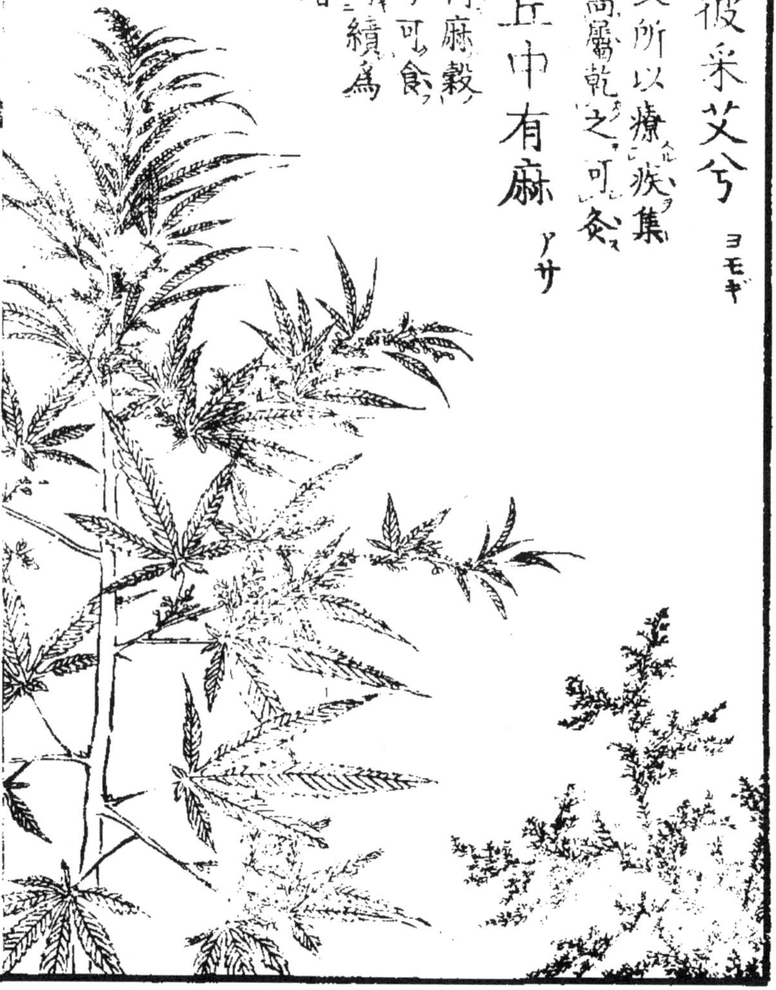

隰有荷華　ハチス

傳荷華扶蕖也
其華菡萏

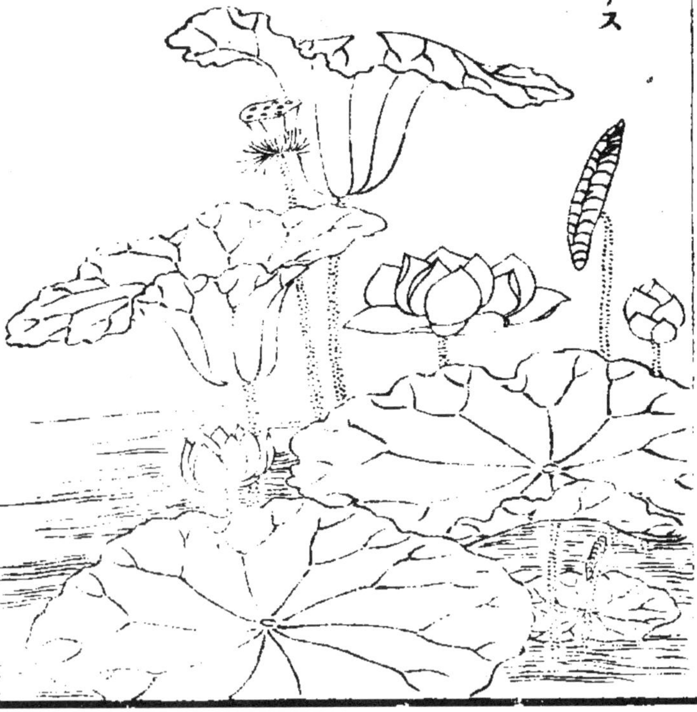

隰有游龍

オホケタデ

傳、龍、紅草也集傳、一名馬蓼葉大而色白生水澤中高丈餘○別錄云紅生水旁如馬蓼而大稻氏云按紅草墨記草俱名馬蓼陶云馬蓼郎墨記草也

茹藘在阪　アカ子

傳、茹藘茅蒐也、集傳一名茜、可以染絳、（）茜一作蒨、方莖蔓生、葉似棗、每節四五葉對生、至秋開花結實、如小椒、

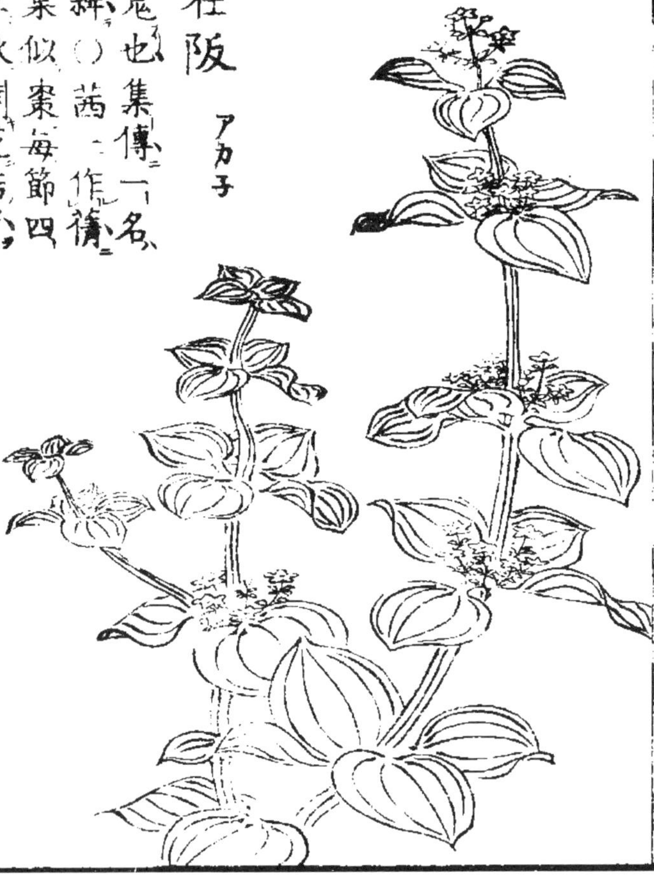

方秉蕑兮

フヂバカマ

傳蕑蘭也集傳其莖葉似澤蘭廣而長節節中赤高四五尺○陸疏蕑即蘭香草也春秋傳曰刈蘭而卒楚辭云紉秋蘭孔子曰蘭當爲王者香草皆是也

贈之以勺藥

傳勺藥香草。集傳三月開花芳色可愛○呂記陳氏曰勺藥者溱洧之地富有之詩人賦物有所因也陳淏子花鏡勺藥廣陵者爲天下最近日四方競尚巧立名目約百種

維莠驕驕

ヱノコクサ

集傳莠害苗之草也○爾雅翼莠者害稼之草說文但云禾粟下生莠而已先儒不適言何物韋昭解魯語云莠草似稷無實又韋曜問詩云甫田維莠今何物答曰今之狗尾也然後此物方顯今之狗尾草誠似稷而不結實無處不生

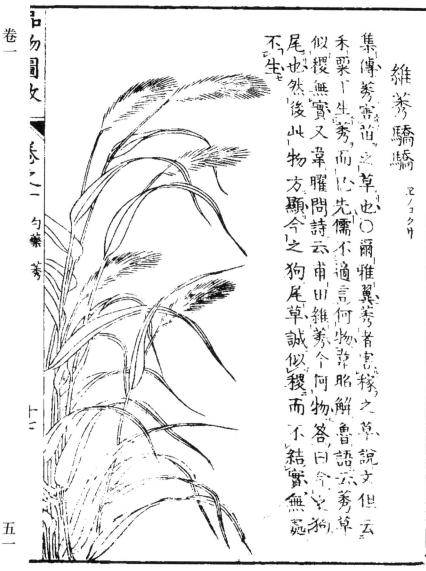

言采其莫

傳莫菜也集傳似柳葉厚而長有毛刺可爲羹○未詳

言采其藚　スギナ

傳藚水舄也集傳葉如車前草○集傳依陸璣以爲澤瀉鄭夾漈云藚狀似麻黃亦謂之續斷其節拔可復續生沙陂稻氏云今俗呼杉菜是也

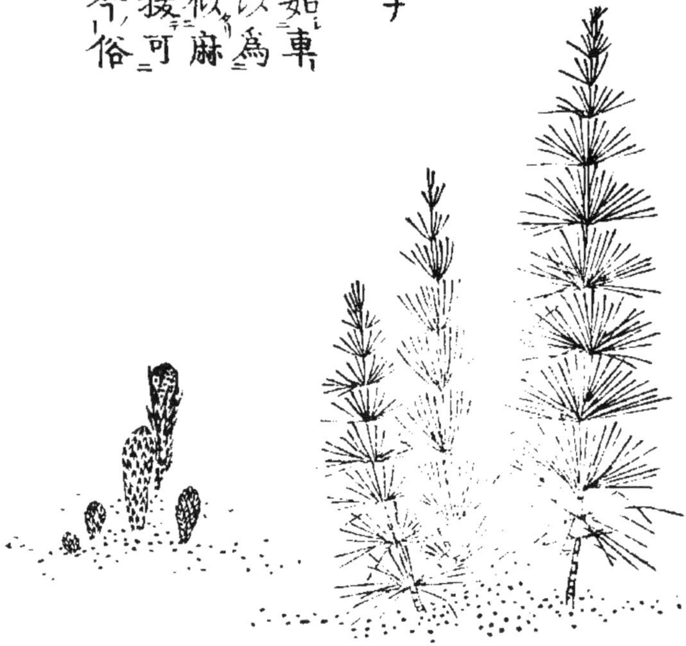

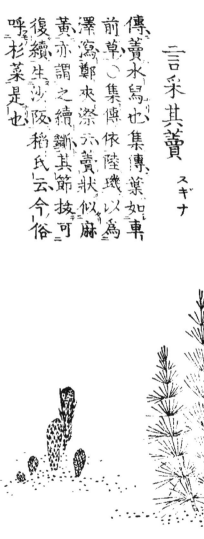

不能埶稻粱

（稻 イネ）（粱 アハ）

集傳稻即今南方所食稻米水生而色白者也粱粟類也有數色○稻一名稌秔糯之通稱粱統粟之名古者無粟名後世粟顯而粱隱矣

蘞蔓于野（ヤブカラシ）

集傳、蘞草名、似栝樓、葉盛而細、○陸疏其子正黑如燕薁、不可食也、毛晋云、本草蘞有赤白黑三種、疑此是黑蘞也、即烏蘞苺、

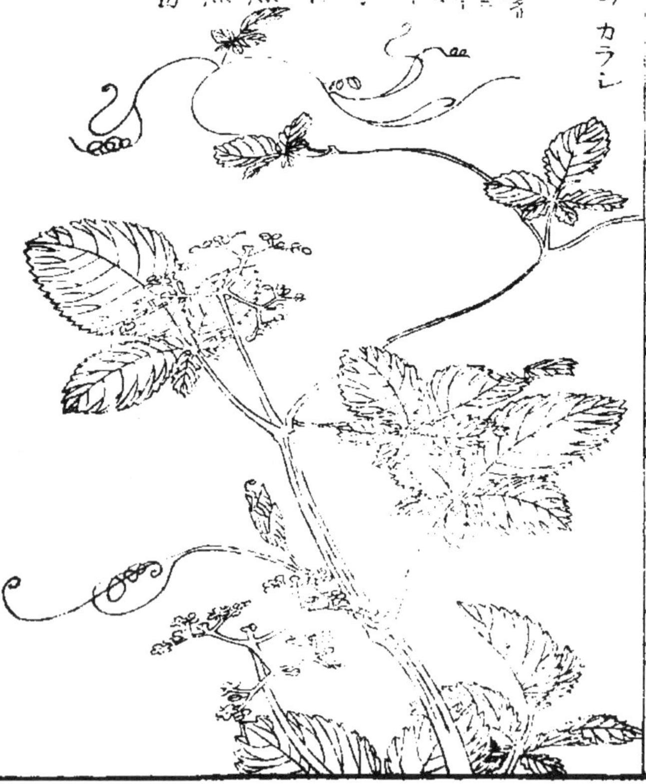

采苦采苦 見荼

傳、苦、苦菜也、集傳、生山田及澤中、得霜甜脆而美。

蒹葭蒼蒼 蒹 ヒメヨシ

傳、蒹、薕也、集傳、蒹似萑而細高數尺、又謂之薕。

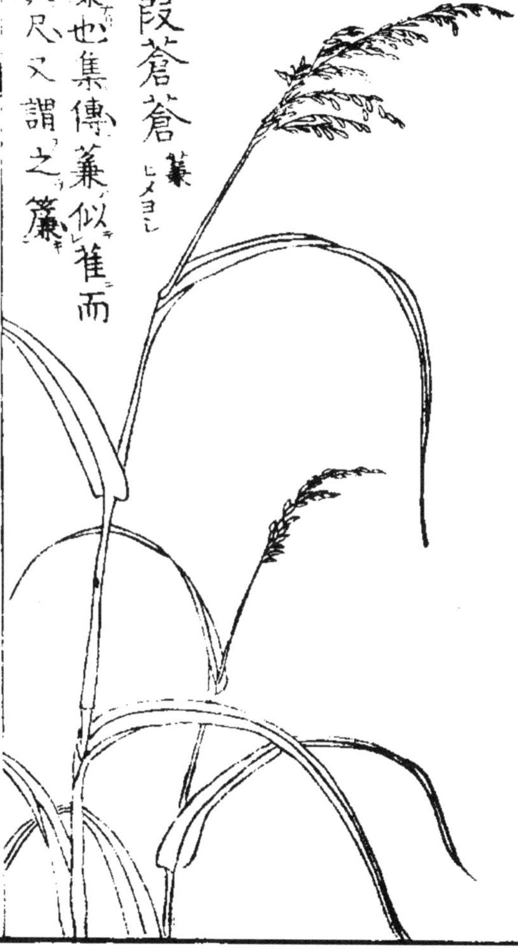

視爾如荍 ゼニアフヒ

傳荍芘芣也集傳又名荊葵紫色李時珍云錦葵即荊葵也爾雅謂之荍其花大如五銖錢粉紅色有紫縷文

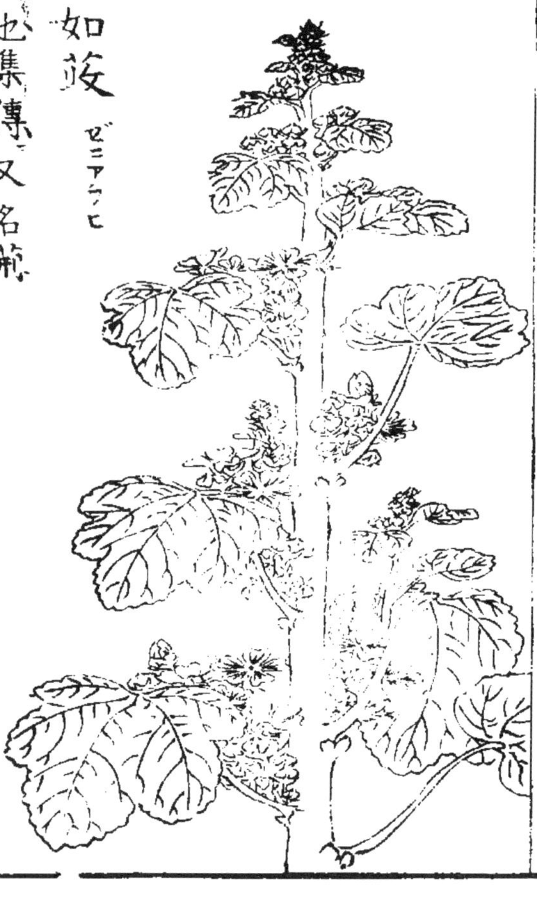

可以漚紵

集傳紵麻屬

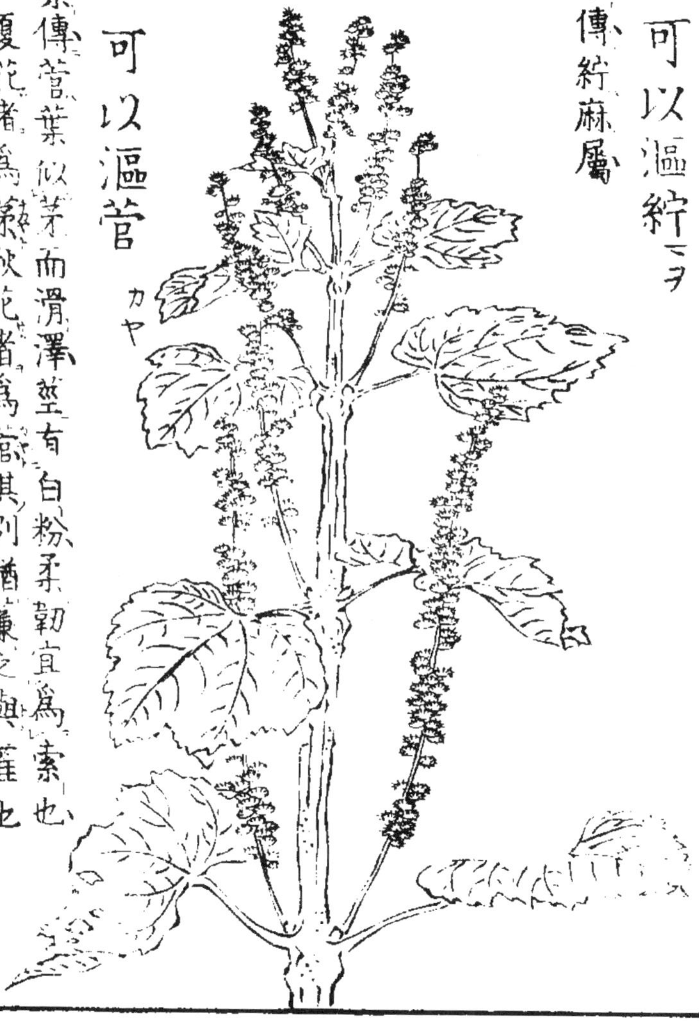

可以漚菅

カヤ

集傳菅葉似茅而滑澤莖有白粉柔韌宜爲索也

○夏花者爲藙秋花者爲菅其別猶蒹之與萑也

卭有旨苕

ノエンドウ

傳苕草也集傳苕苕饒也莖如勞豆而細葉似蒺藜而青其莖葉綠色可生食如小豆藿也○此與苕之華不同

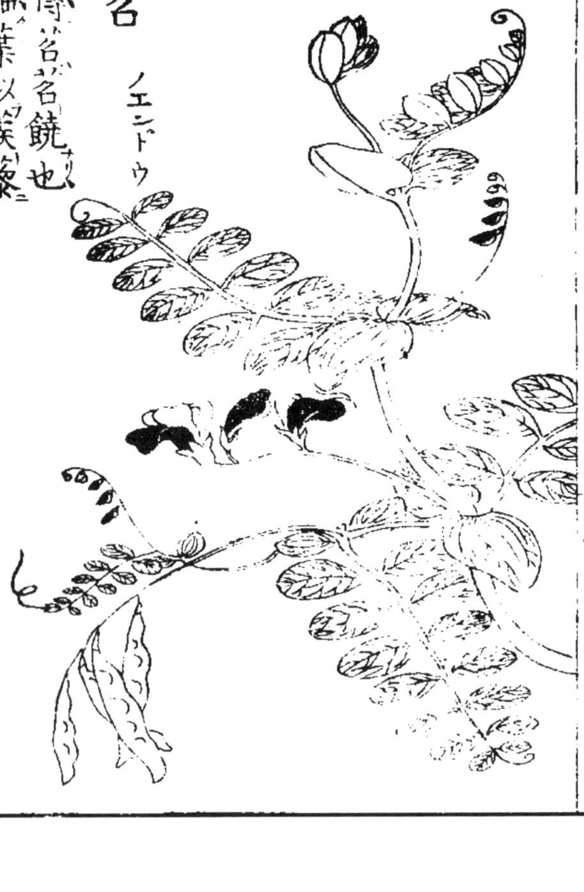

邛有旨鷊

モヂズリ

傳、鷊綬草也。集傳、小草襍色如綬。稲氏云、貌地事云、未知然否。

有蒲與荷

集傳蒲水草可爲席者

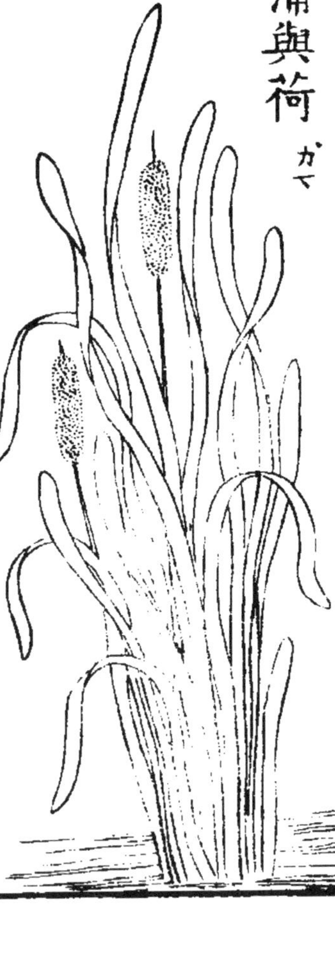

隰有萇楚

傳萇楚銚弋也集傳今羊桃也子如小麥亦似桃○萇楚在此方未顯

浸彼苞稂

傳稂童粱又稂莠皆害苗集傳莠屬○陸璣云禾秀爲穗而不成崱嶷然謂之童粱今人謂之宿田翁又謂守田也然則禾之不成者亦通

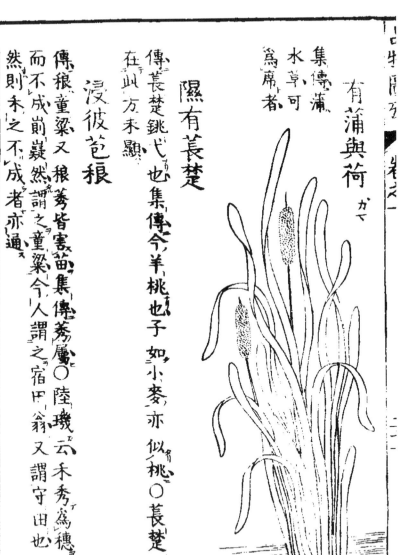

浸彼苞蓍 ハコロモ

傳蓍草也集傳筮草也○本草圖經蓍其生如蒿作叢高五六尺一本一二十莖至多者三五十莖梗條直所以異於衆蒿也秋後有花出於枝端紅紫色形如菊稻氏云蓍草俗名白哥羅貌形狀與圖經相合始得白花者爲嫌後得紅紫色大知其眞然也白哥羅貌淡紅花者近時花圃多出之稻氏所見蓋此也但未見有至數十莖者

四月秀葽

傳葽草也箋夏小正四月王萯秀葽其是乎○嚴緝葽今遠志也其上謂之小草謝安乃云處則爲遠志出則爲小草

六月食鬱及薁

ノブダウ

鬱見木部

傳薁蘡薁也其葉並花實皆與葡萄髣髴但實小熟則色黑小兒食之

七月烹葵及菽

葵 カシアフヒ

菽 マメ

集傳葵菜名菽豆也○圖經葵處處有之苗葉作菜茹更甘美冬葵子古方入藥最多有蜀葵錦葵黄葵終葵菟葵皆有功用爾雅翼菽者衆豆之總名

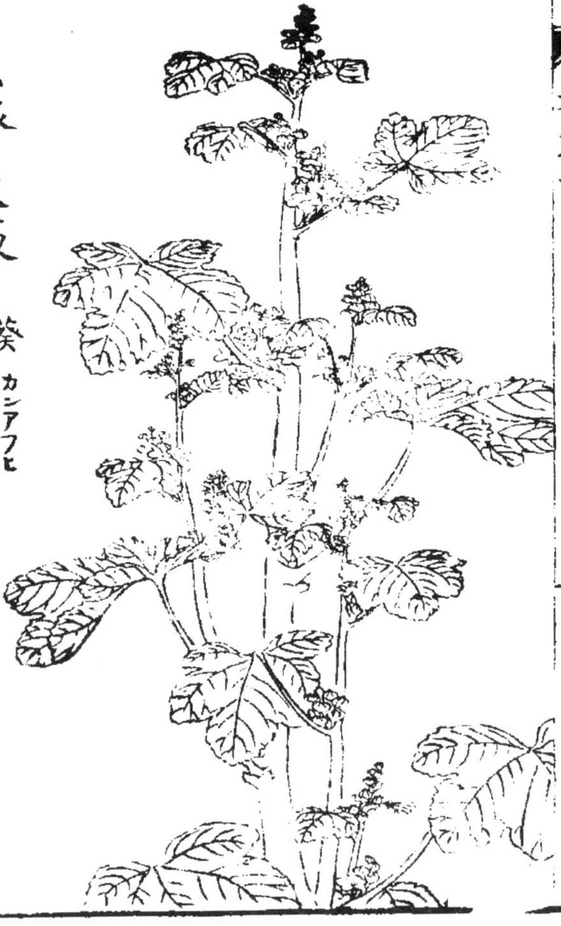

按通雅謂葵爲款冬非爾雅云菟葵顆凍其非葵明此方氏疑於葵後人不復食之故生此説苟以不食則菽亦采葉以爲藿芼大牢饗賓客筵之筥之其謂之何食膳之宜古今異同不可強論也

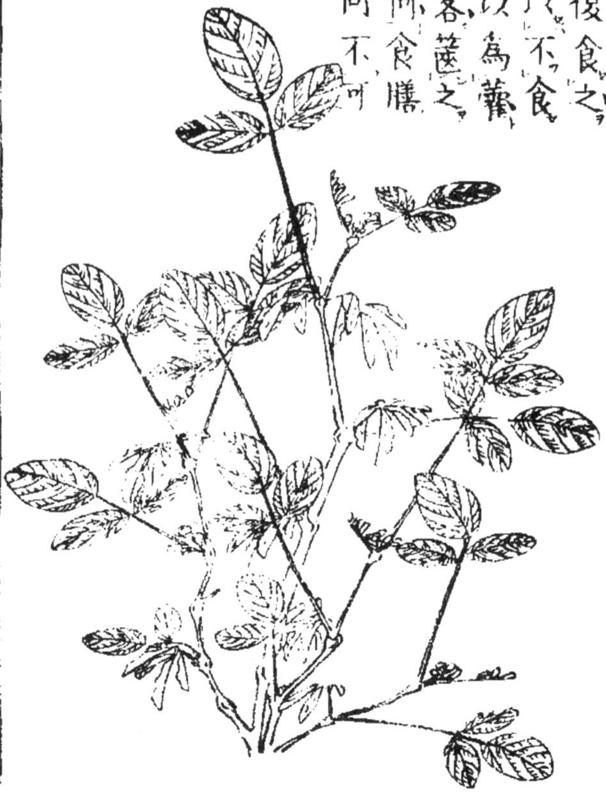

七月食瓜 ウリ

瓜、甜瓜也。説約云、六經言瓜、如削瓜樹瓜之類、其説頗重、不知何等。或此與斷壺叔苴倶非佳物、聊解飢渇者歟。顧氏此言似不諳瓜者。因思群芳譜諸書西瓜謂瓜、明人不盛食瓜耶。

八月斷壺

傳、壺瓠也。○見匏

黍稷重穋

傳後熟曰重先熟曰穋集傳先種後熟曰重後種先熟曰穋○穋說文作稑云疾熟也重是屋枯的穋是華說辨解錯矣

九月叔苴　アサノミ

傳苴麻子也

獻羔祭韭　ニラ

集傳韭菜名

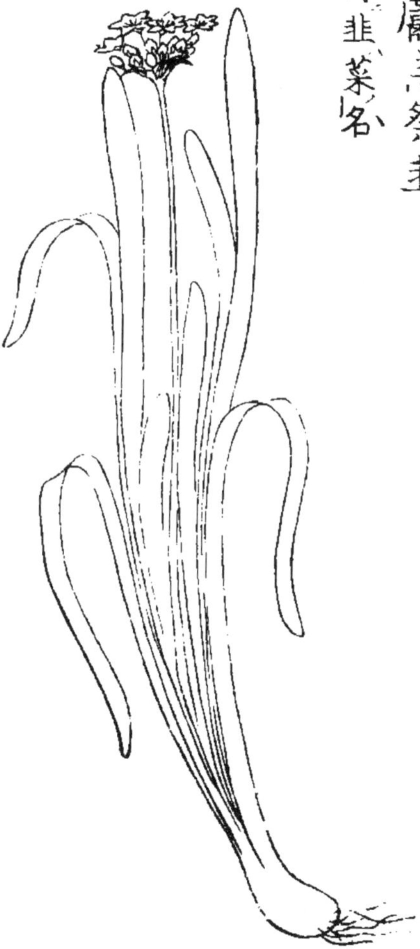

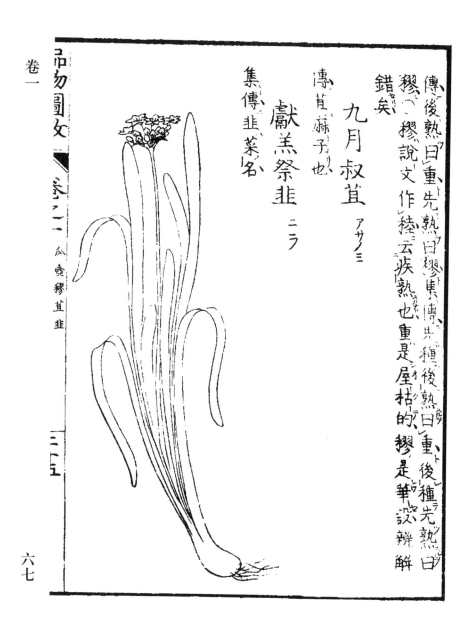

果臝之實

カラスウリ

傳果臝栝樓也爾雅果臝之實栝樓李巡曰栝樓子名也孫炎曰齊人謂之天瓜

毛詩品物圖攷卷一

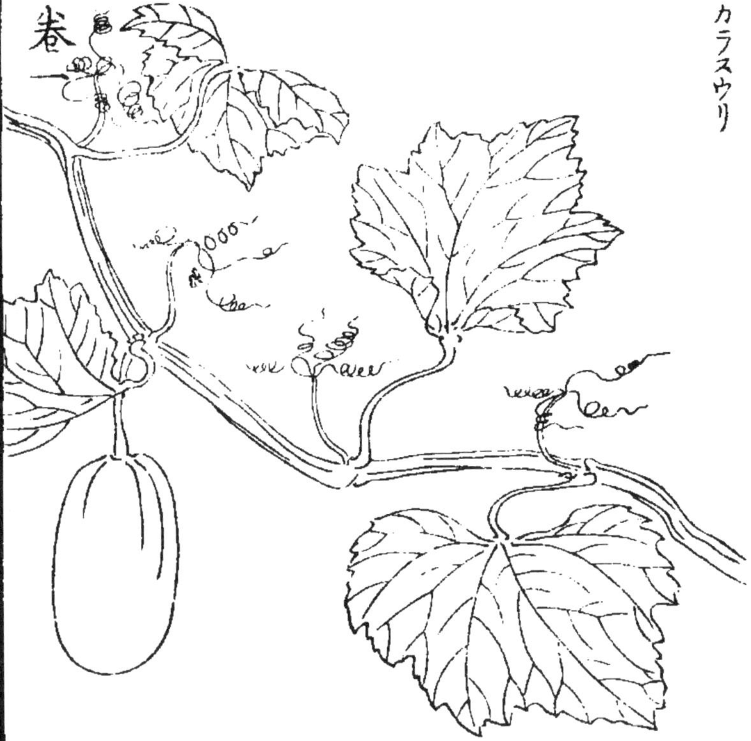

毛詩品物圖攷卷二

草部

浪華岡元鳳纂輯

食野之苹 ウキクサ

傳苹蓱也箋苹藾蕭也集傳藾蕭青色白莖如筋○嚴緝釋草苹有二種一云苹蓱其大者蘋此水生之苹也一云苹藾蕭郭璞云今藾蒿也此陸生之苹也即鹿所食是也藾蒿今未詳爲何物故從毛說

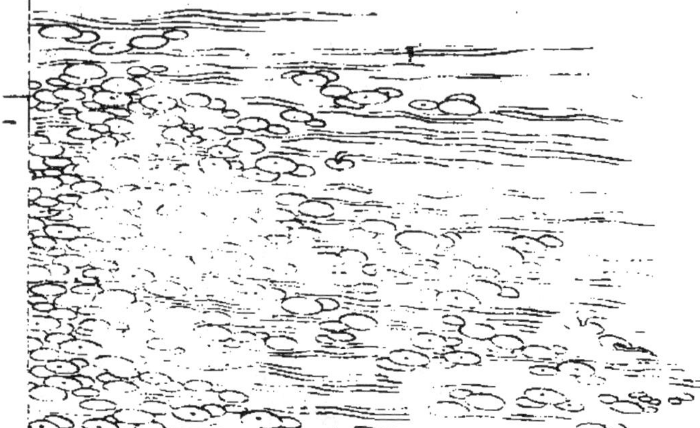

食野之蒿

傳蒿菣也集傳即青蒿也○

按蒿之爲青蒿舊說不可改

或辨爲統名反汎矣

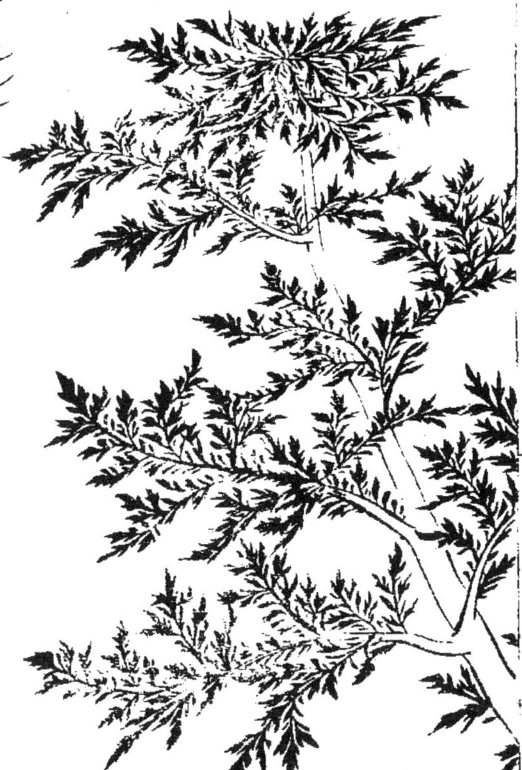

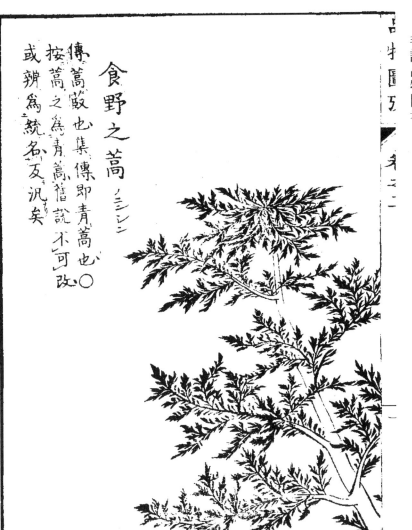

食野之芩

傳芩草也集傳莖如釵股葉如竹蔓生○芩無地不生有二種大曰和被十黄小曰迷被十黄葉如竹而柔軟宜牛馬食之

甘瓠纍之

集傳東萊呂氏曰瓠有甘有苦甘瓠則可食者也○見匏

南山有臺 スゲ

傳臺夫須也集傳即莎草也○陸疏舊說夫須莎草也可爲蓑笠都人士云臺笠緇撮傳云臺所以禦雨是也稻氏云臺今人呼爲思絜似莎草而大生水中可以爲笠及蓑衣此與莎草不同

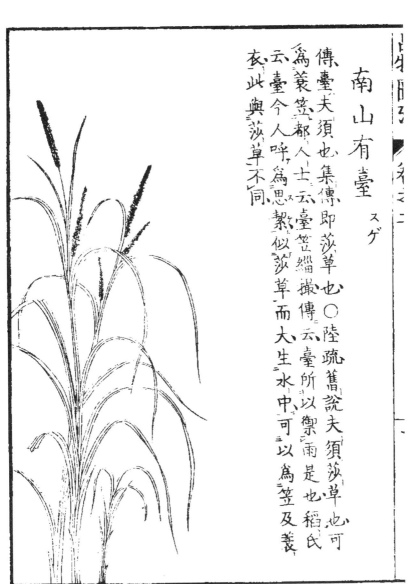

北山有萊 アカザ

傳萊草也集傳草名葉香可食者也○陸疏廣要諸韻書俱引草木疏云萊藜也今疏本文不載可見陸疏逸去者甚多

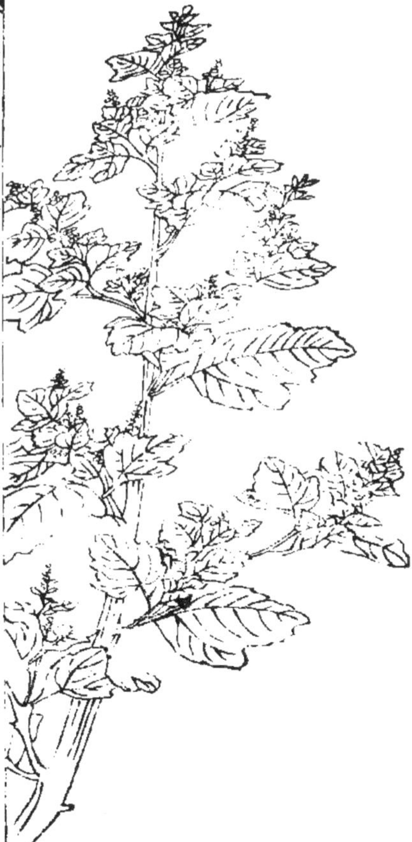

菁菁者莪

テウセンキク

傳莪蘿蒿也〇陸疏莪蒿也一名蘿蒿生澤田漸洳之處葉似邪蒿而細科生按蘿蒿今人呼爲朝鮮菊葉似青蒿而細又似胡蘿蔔葉四月開白花類茼蒿蓼莪所謂匪莪伊蒿蓋以相似而起興也蒿即青蒿

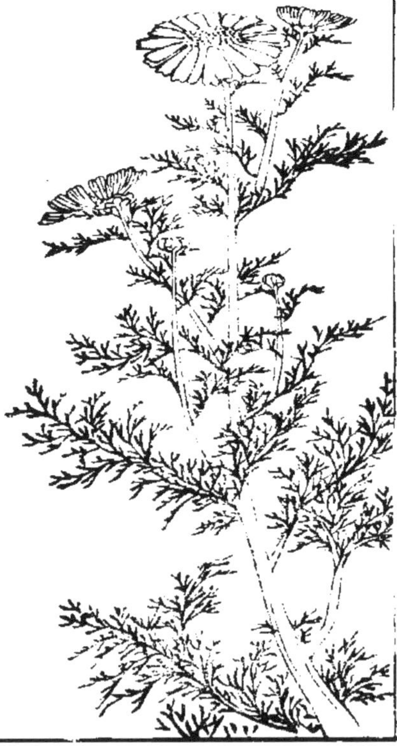

薄言采芑　アサギキク

傳芑菜也集傳苦菜也青白色摘其葉有白汁出肥可生食亦可蒸爲茹即今苦買菜宜馬食軍行采之人馬皆可食也○芑是苦菜而青白色者即白苣也

無啄我粟　辨解可從

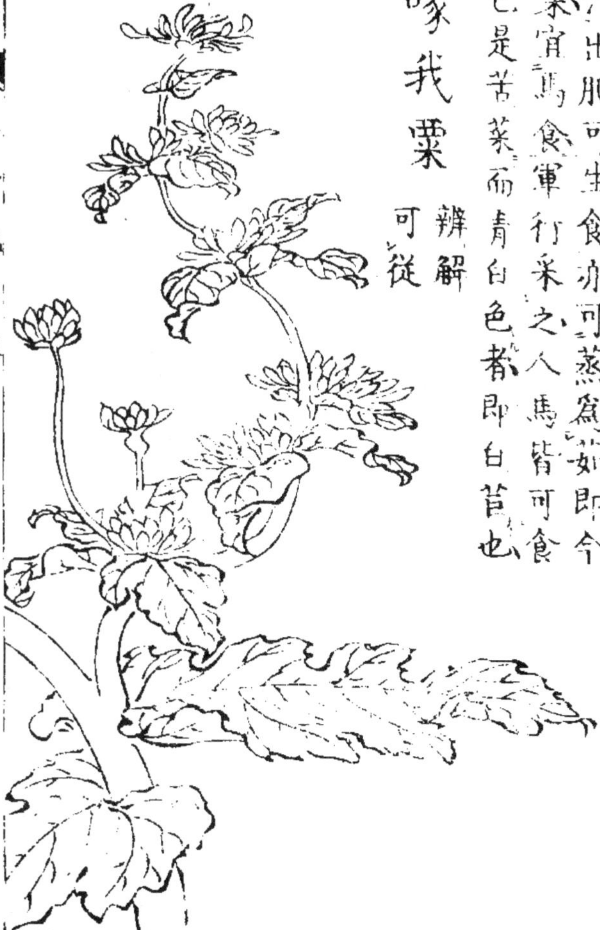

言采其蓫ギシく

傳蓫惡菜也箋蓫牛蘈也亦仲春時生可采也集傳今人謂之羊蹄菜

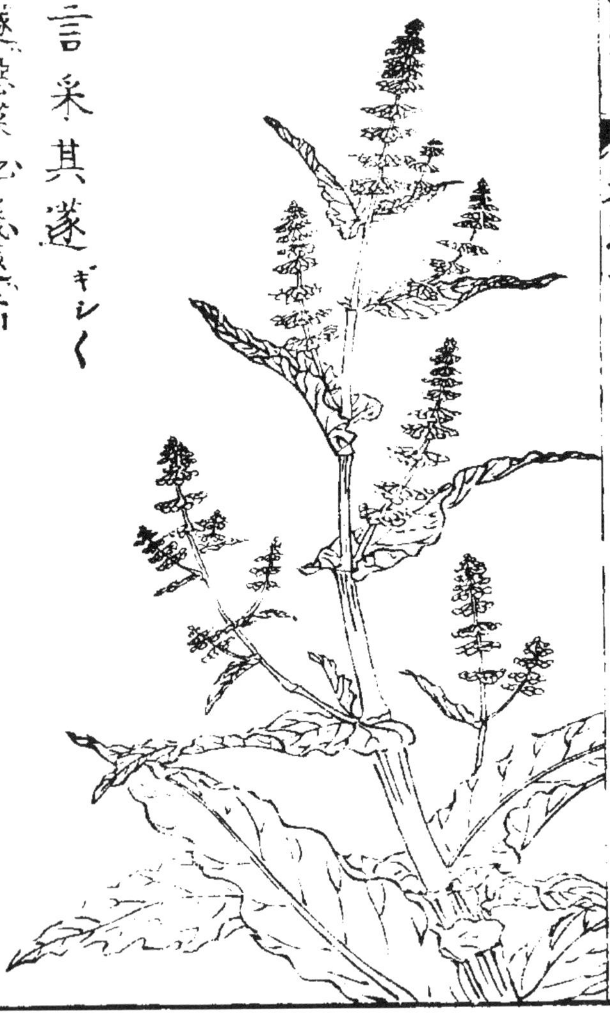

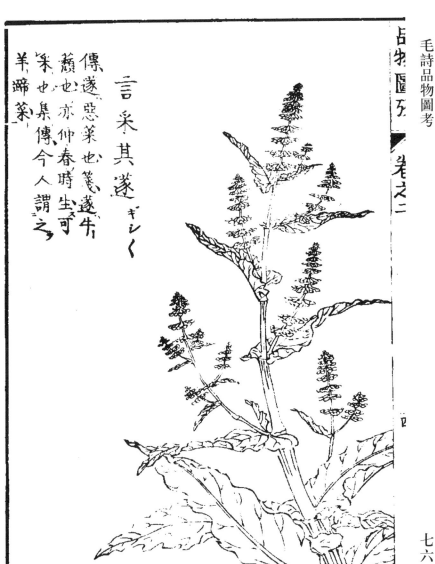

言采其葍 ヤマゴバウ

傳葍惡菜也箋葍蕌也亦仲春時生可采也○江氏云草木志畧葍陸根曰葍曰蕌乃今之山牛蒡也

下莞上簟 ツクモ

箋莞小蒲之席也集傳蒲席也○按漢書註莞今謂之葱蒲則蒲莞之別可知此方人謂之紫忽貌

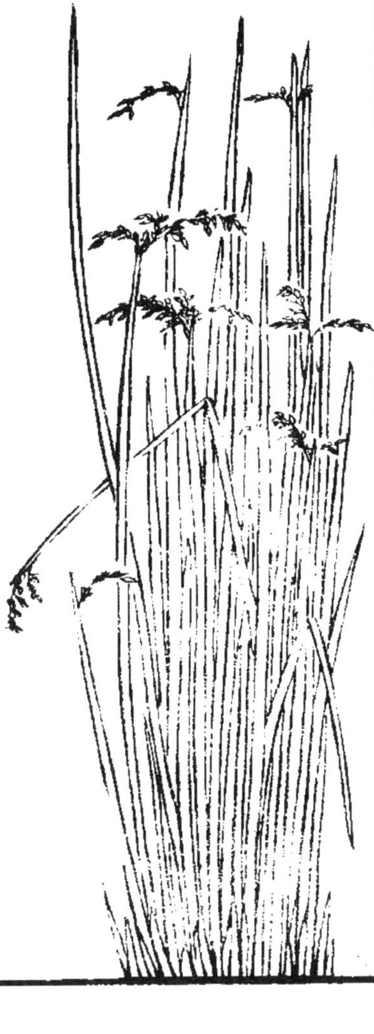

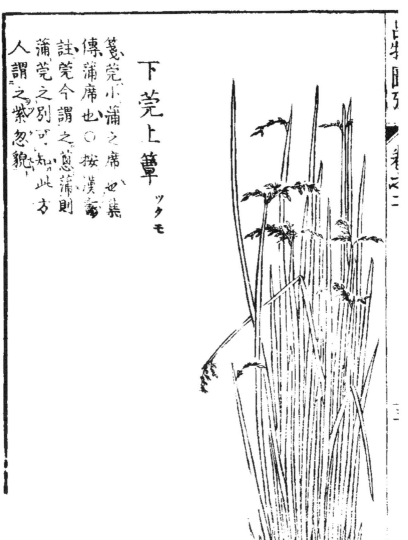

匪莪伊蔚

傳蔚牡菣也集傳三月始生四月始華如胡麻華而紫赤八月爲角似小豆角鋭而長

○按牡菣二種一爲齊頭蒿一爲馬新蒿陸璣所釋即馬新蒿集傳因之耳

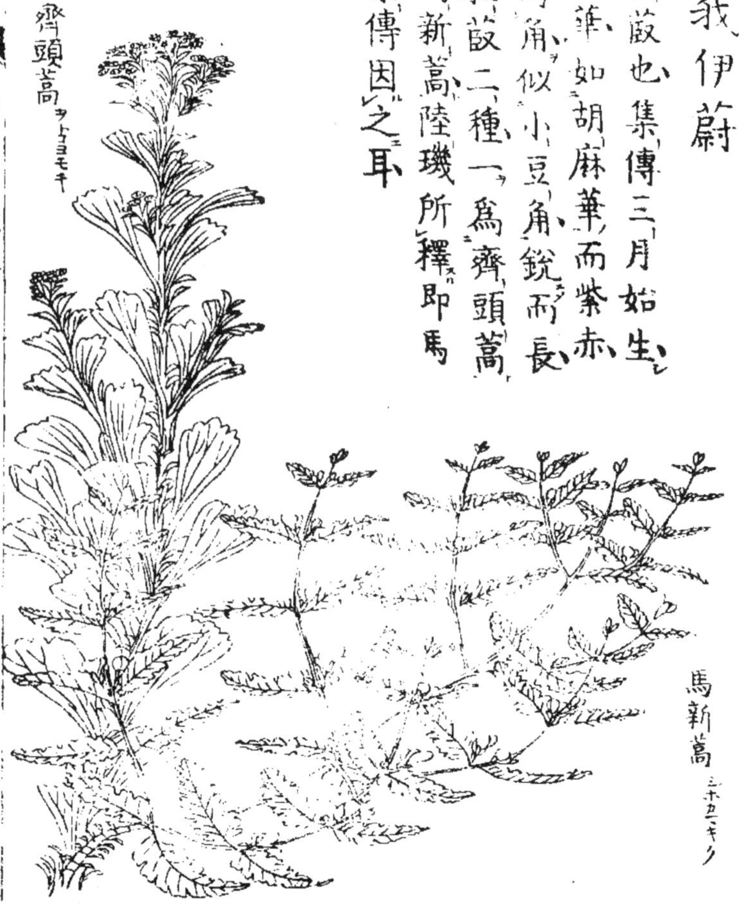

蔦與女蘿

サガリコケ

傳女蘿兎絲松蘿也集傳女蘿兎絲也蔓連草上黃赤如金○廣雅兎丘兎絲也女蘿松蘿也陸疏兎絲蔓連草上黃赤如金松蘿自蔓松上生枝正青與兎絲殊異此等說二物辨得明白毛傳既失朱說亦錯遂致混淆說約辨之

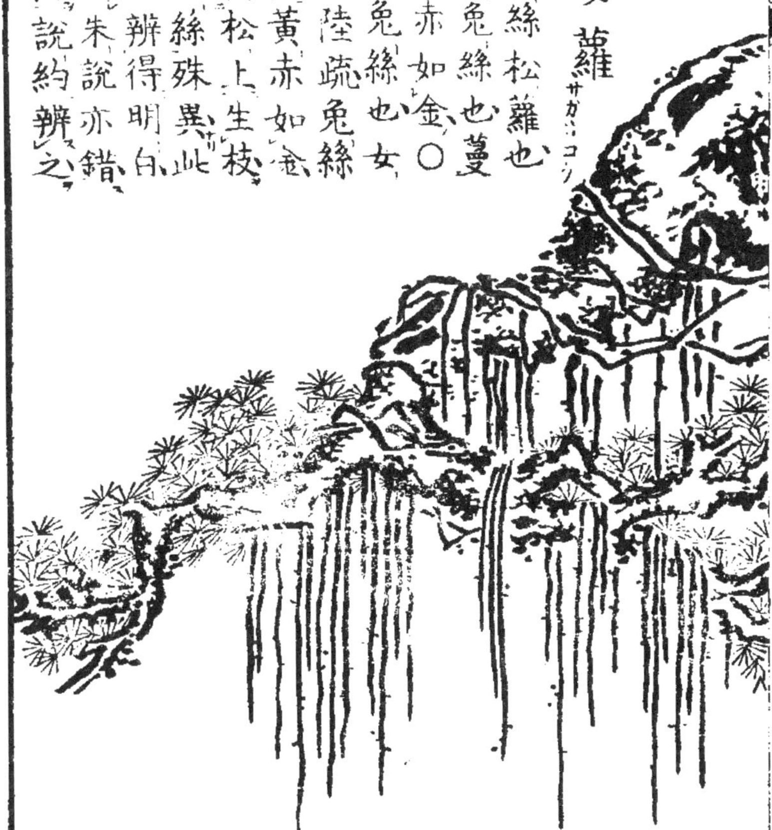

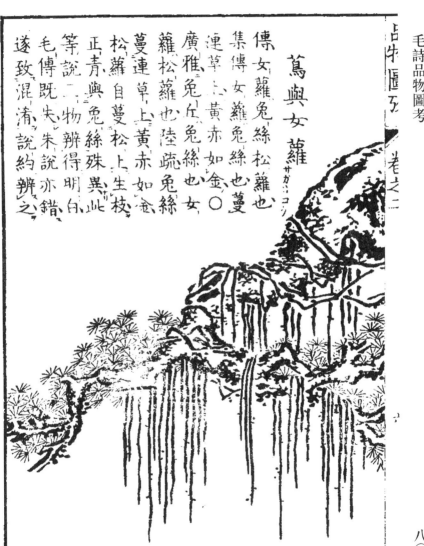

言采其芹 セリ

箋芹菜也集傳水草可食

終朝采綠 カリヤス 見前

箋綠王芻也易得之菜也

終朝采藍 アヰ

箋藍染草也藍有數種

種蓼藍此方多種

白華菅兮 見前

傳白華野菅也已漚爲菅○孔

疏此白華亦是茅菅類也漚之柔韌異其

名謂之爲菅因謂在野未漚者爲野菅也

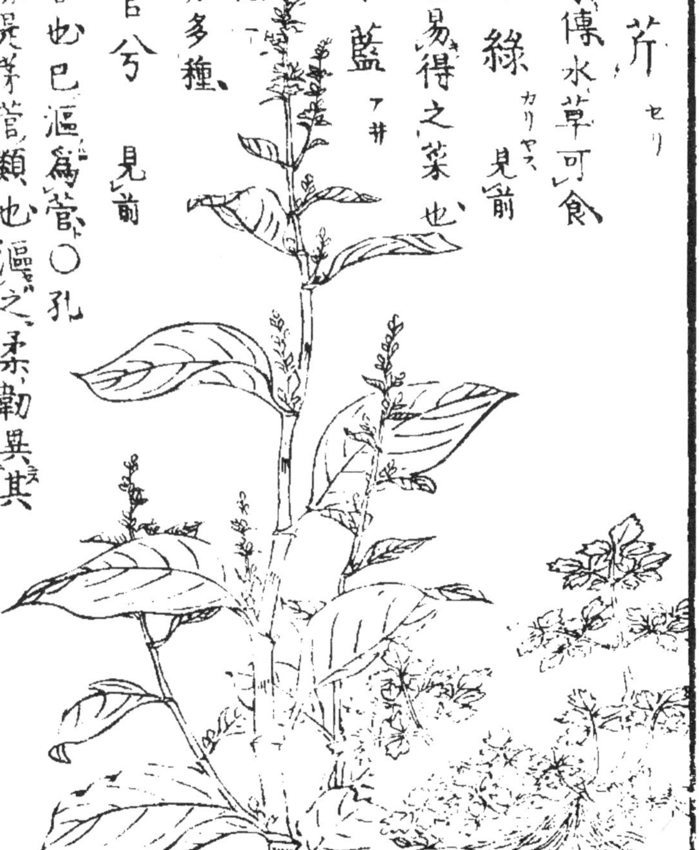

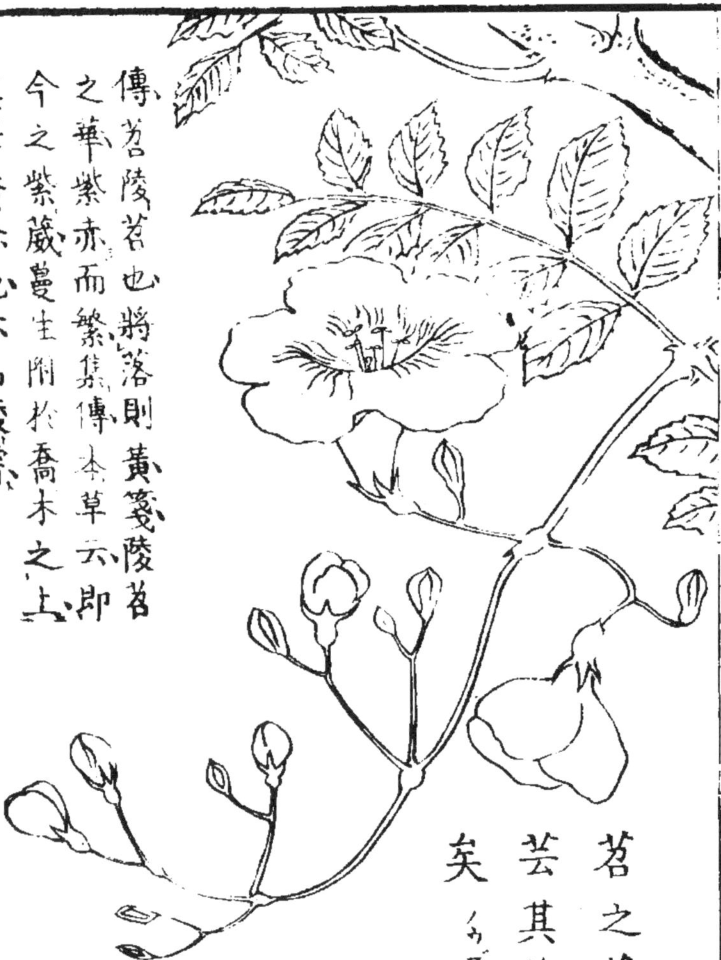

苕之華芸其黃矣

ノウゼンカヅラ

傳苕陵苕也將落則黃箋陵苕之華紫赤而繁集傳本草云即今之紫葳蔓生附於喬木之上其華黃赤色亦名凌霄

菫荼如飴

ツボスミレ

傳菫菜也集傳菫烏頭也○孔疏謂菫即烏頭集傳從之然此菫非烏頭古義辨之唐本草注菫菜野生非人所種葉似蕺花紫色此云思蜜列也荼苦菜

蓺之荏菽 エンドウ

傳荏菽戎菽也箋大豆也○管子山戎出荏菽布之天下註即胡豆也胡豆一名戎菽

維秬維秠 クロキビ

黍見前

傳秬黑黍也秠一稃二米也○孔疏秬是黑黍之大名一稃二米是其嘉異者別名為秠稃音孚穀皮也

維穈維芑

粱見前

傳穈赤苗也芑白苗也集傳穈赤粱粟也芑白粱粟也

維筍及蒲

タケノコ

傳，筍，竹也。箋，竹萌也。

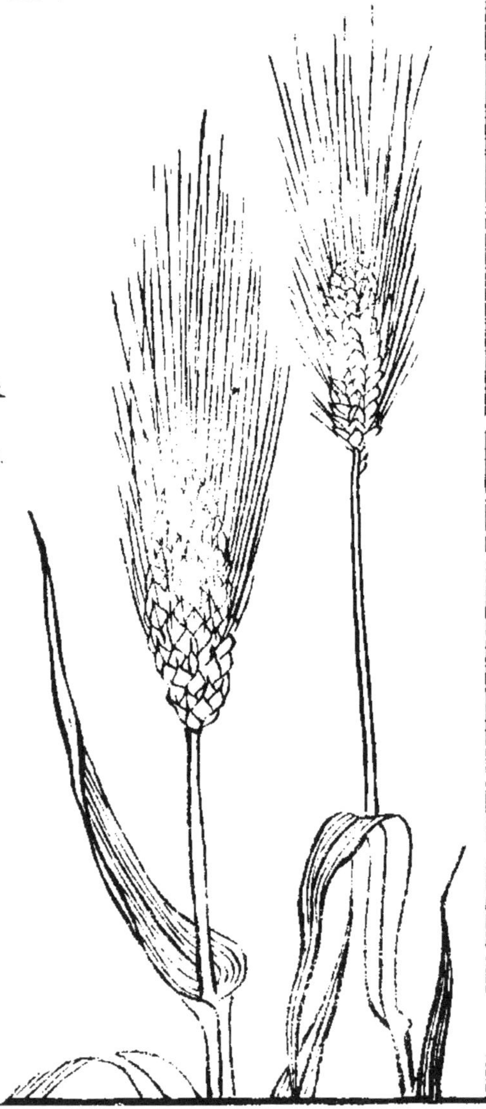

貽我來牟

來コムギ
牟オホムギ

傳、牟麥、集傳、來小麥牟大麥也

豐年多黍多稌

傳、稌稻也〇見稻

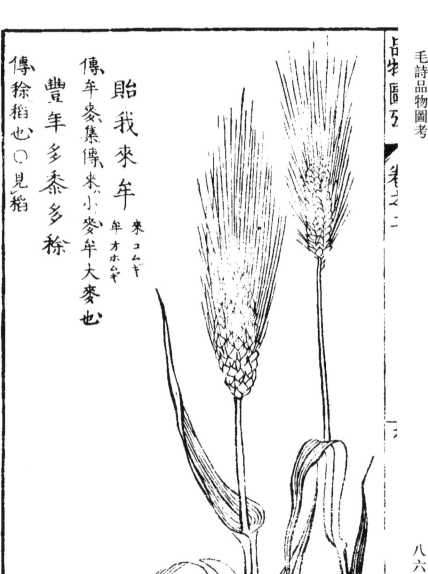

以薅荼蓼

タデ

傳、蓼、水草也。集傳、荼、陸草、蓼水草、一物、而有水陸之異也。今南方人猶謂蓼為辣荼。或用以毒溪取魚、即所謂荼毒也。○孔疏、蓼是穢草、荼亦穢草、非苦菜也。釋草云荼、委葉。郭氏引此詩、則此荼謂委葉也。

薄采其茆　ジユンサイ

傳茆鳧葵也集傳葉大如手赤圓而滑江南人謂之蓴菜者也○本草茆是蓴菜然鳧葵爲荇菜一名

毛詩品物圖攷卷二終

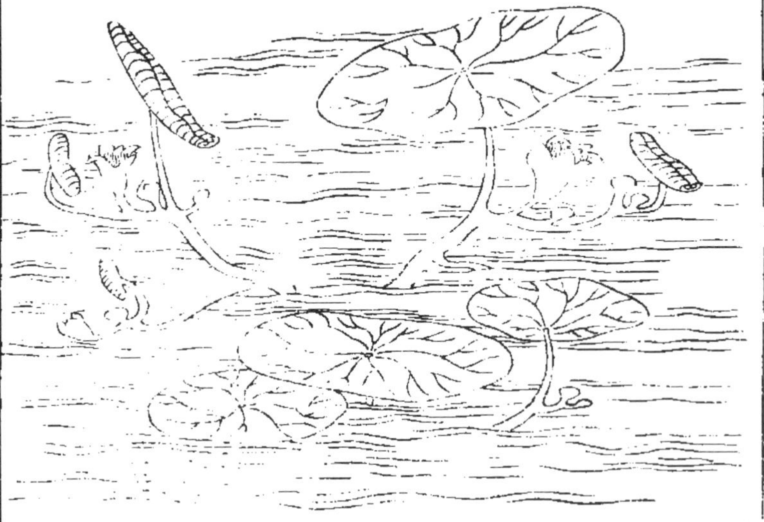

毛詩品物圖攷卷三

浪華岡元鳳纂輯

木部

桃之夭夭　毛、

傳、桃有華之盛者、集傳、華紅實可食、

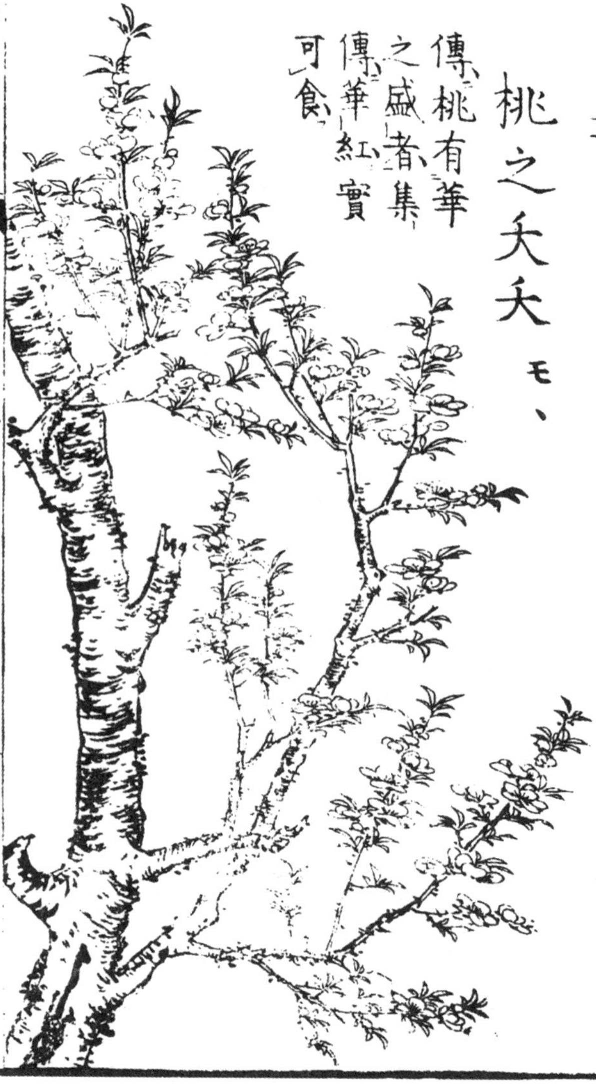

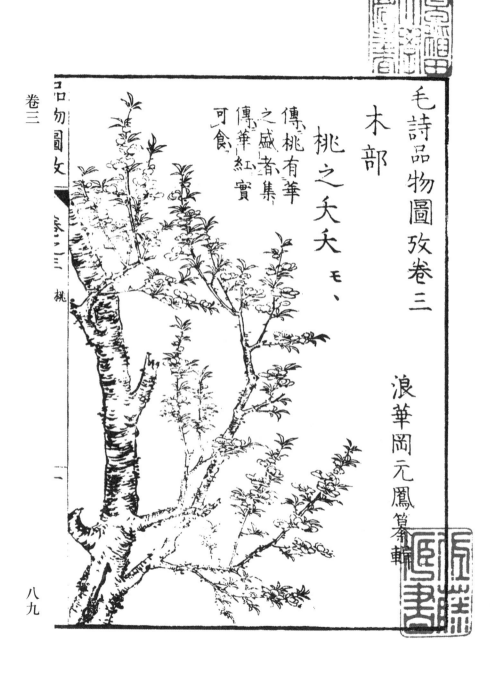

言刈其楚

箋楚雜薪之中尤翹翹者集傳荊屬○孔疏薪雖皆高楚尤翹翹而高也李時珍云牡荊其生成叢而疎爽故又謂之楚亨保中來漢種今多有之其葉頗似參故俗呼參樹形狀如時珍所說

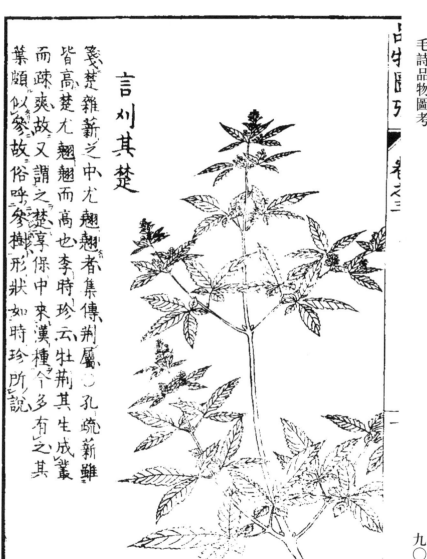

蔽芾甘棠

コリンゴ

傳甘棠杜也集傳杜梨也白者爲棠赤者爲杜○棠梨野梨也此云毅利莫蘧又云革他柰施山中處處有之樹似梨而小葉有圓者斜者三叉者實如小楝子有赤白味不佳

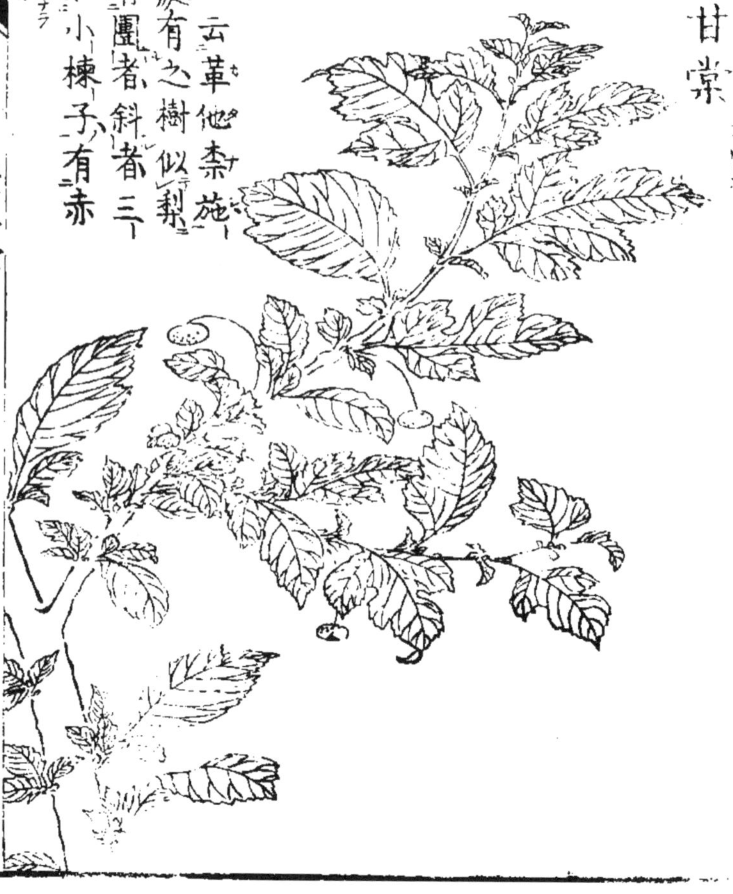

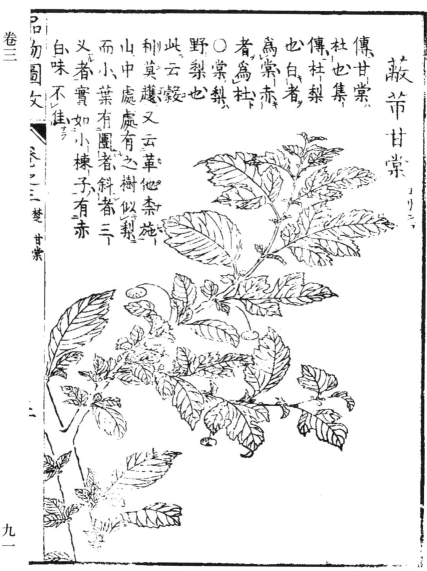

標有梅 ムメ

集傳華白實似杏而酢○陸疏廣要爾雅凡三釋梅俱非呉下佳品一云梅柟蓋交讓木也一云時英梅蓋雀梅似梅而小者也一云杬繫梅蓋杬樹狀如梅子似小柰者也鋏脚道人和雪嚥之寒香沁入肺腑者廼是標有梅之梅爾雅未有釋文真一欠事

林有樸樕　クヌキ

傳、樸樕、小木也。○郭璞云、樸屬叢生者爲枹。毛傳謂是也。

唐棣之華

ザイフリ

傳唐棣移也集傳似白楊○名物疏唐棣常棣是二種爾雅云唐棣移本草謂之扶移木一名高飛一名獨搖自是楊類雖得棣名而實非棣也

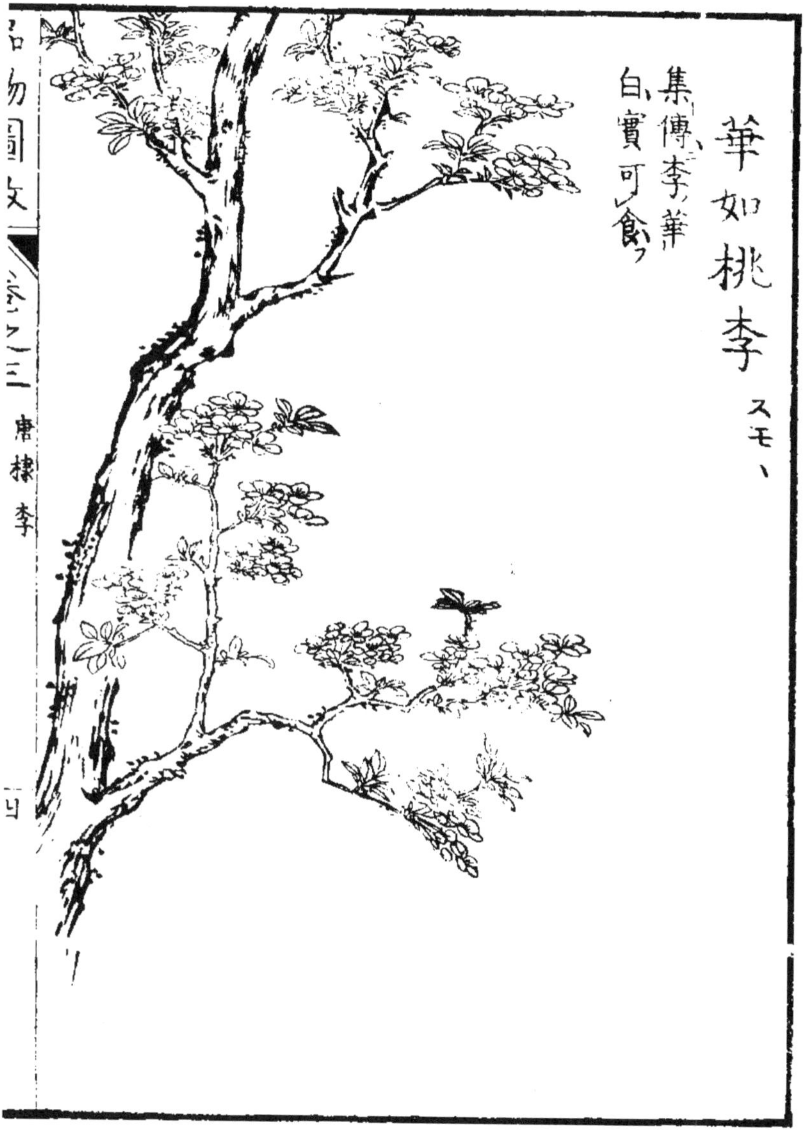
華如桃李
スモヽ
集傳、李ノ華
白、實可レ食フ
唐棣 李

汎彼栢舟 ヒノキ

傳。栢木所以宜爲舟也。○羣芳譜。栢一名椈。樹聳直。皮薄肌膩。三月開細瑣花。結實成毬。狀如小鈴。多瓣。九月熟。霜後瓣裂。中有子。大如麥。芬香可愛。種類非一。入藥惟取葉扁而側生者。名側栢。此方栢亦多種類。扁栢爲貴。園林多植之。

吹彼棘心　コナツメ

傳、棘難長養者、集傳、小木叢生多刺難長、園有棘傳、棘棗也〇嚴緝李氏曰、南風長養萬物、物情喜樂、故曰凱風、棘酸棗也、山陰陸氏曰、棘性堅彊、貫風之長養者、四時纂要曰、四月棗葉生、凱風之時也、魏風云、園有棘、棘酸棗也、於果為下、又釋木棗注、引孟子趙岐注云、樲棘小棗、所謂酸棗也、朱氏集解云、樲棘小棗非美材也、

山有榛 ハシバミ

集傳榛似栗而小○爾雅翼禮記鄭玄註言關中甚多此果關中秦地也榛之從秦蓋取此意榛子從朝鮮來此方亦多有之

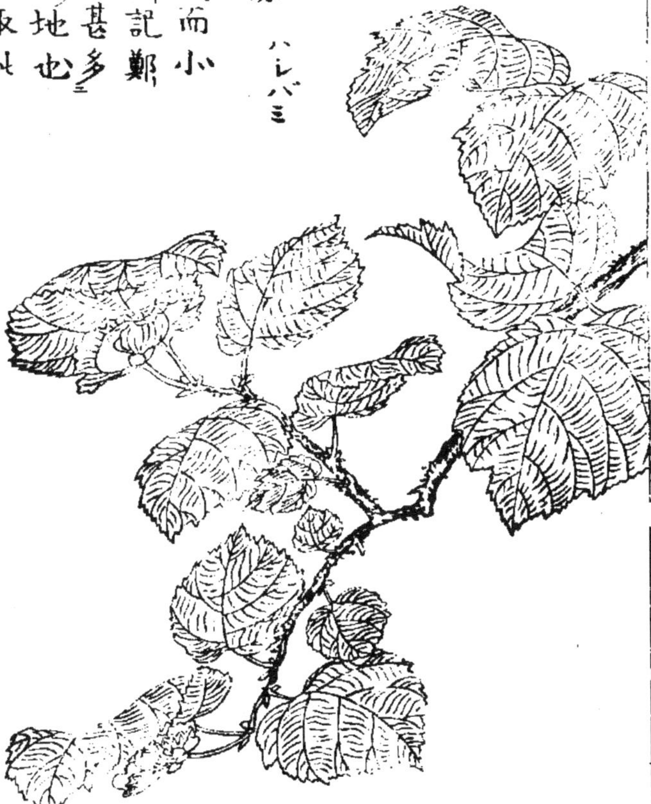

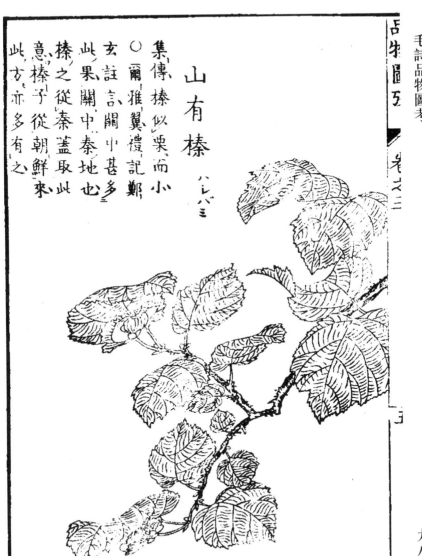

樹之榛栗 クリ

集傳、榛栗二木、其實榛小栗大ナ○陸疏云、倭韓國諸島上栗大如雞子、倭中栗丹波出者為佳、大如雞蛋、味美、

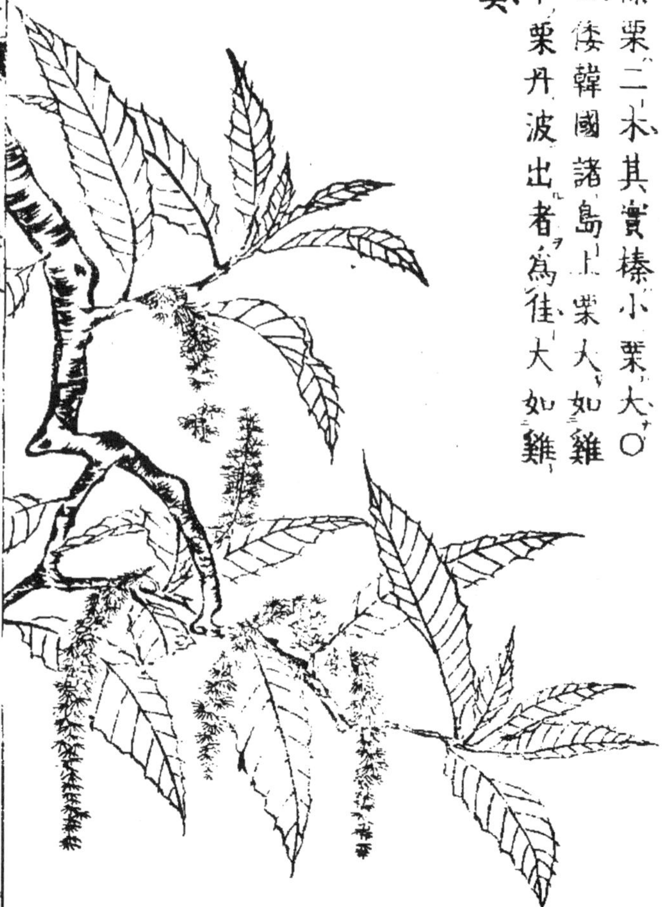

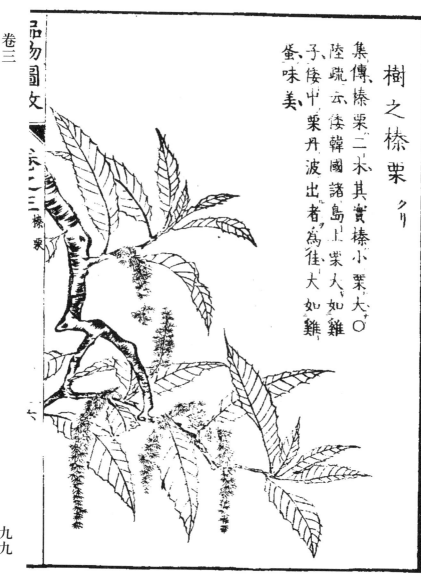

椅桐梓漆

椅 イヽキリ

傳椅梓屬集傳椅梓實桐皮○埤雅椅即是梓梓即是楸蓋楸之疏理而白色者爲梓梓實桐皮曰椅其實兩木大類同而小別也按椅梓同類而小異在古不甚分別故爾雅同釋詩人則分稱無有一定已此方椅謂之異異已里梓謂之挨茟迷茟施茟楸謂之已索索儺

桐 キリ

集傳、梧桐也○桐白桐也梧桐別見

梓　アカメカシハ

集傳、楸之疎理白色而生子者〇通志畧云、梓與楸自異、生子不生角、此說雖非古、亦能辨矣

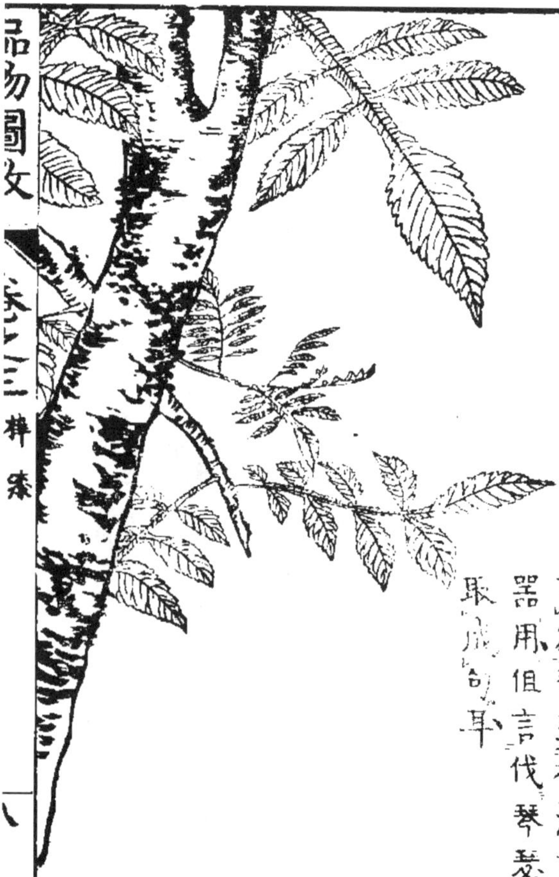

漆 ウルシ

集傳木有液黏黑可飾器物○嚴緝椅桐可以為琴瑟梓漆可以供器用但言伐琴瑟者取成句耳

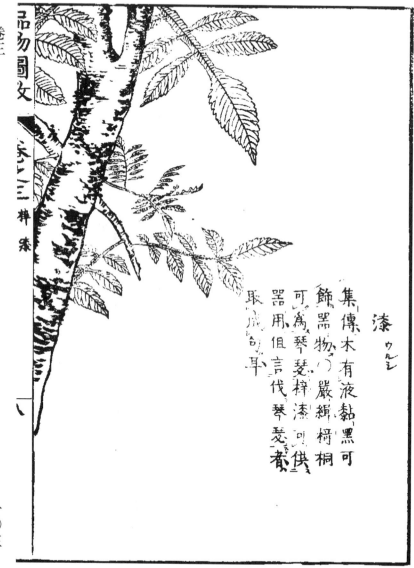

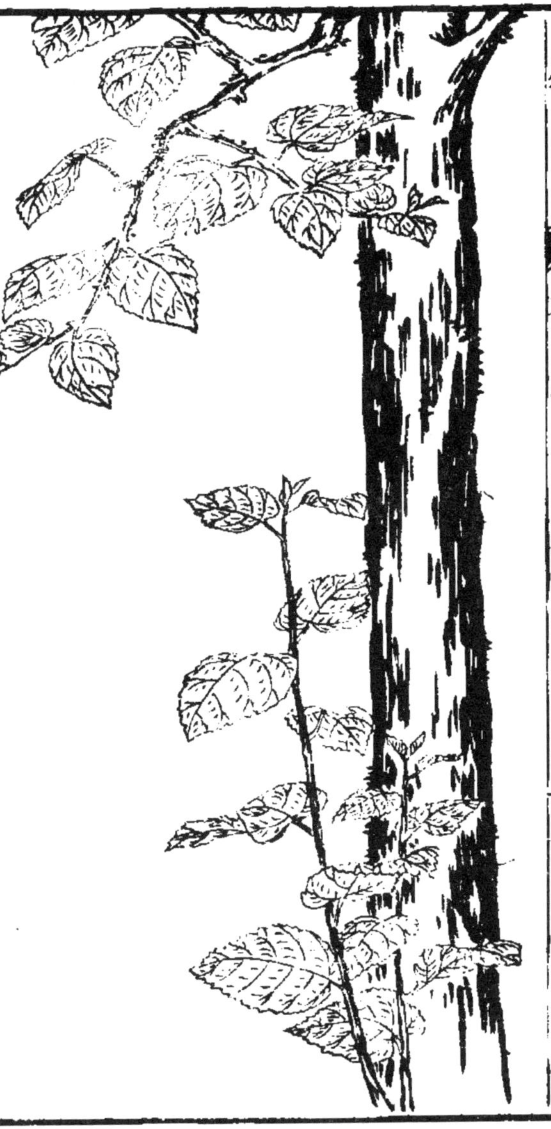

降觀于桑 久

集傳、桑葉可飼蠶者、桑實曰葚、

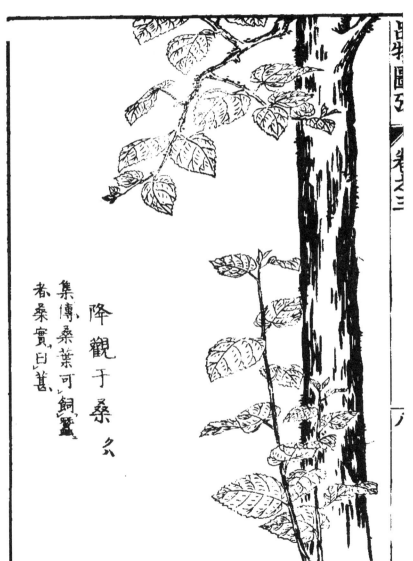

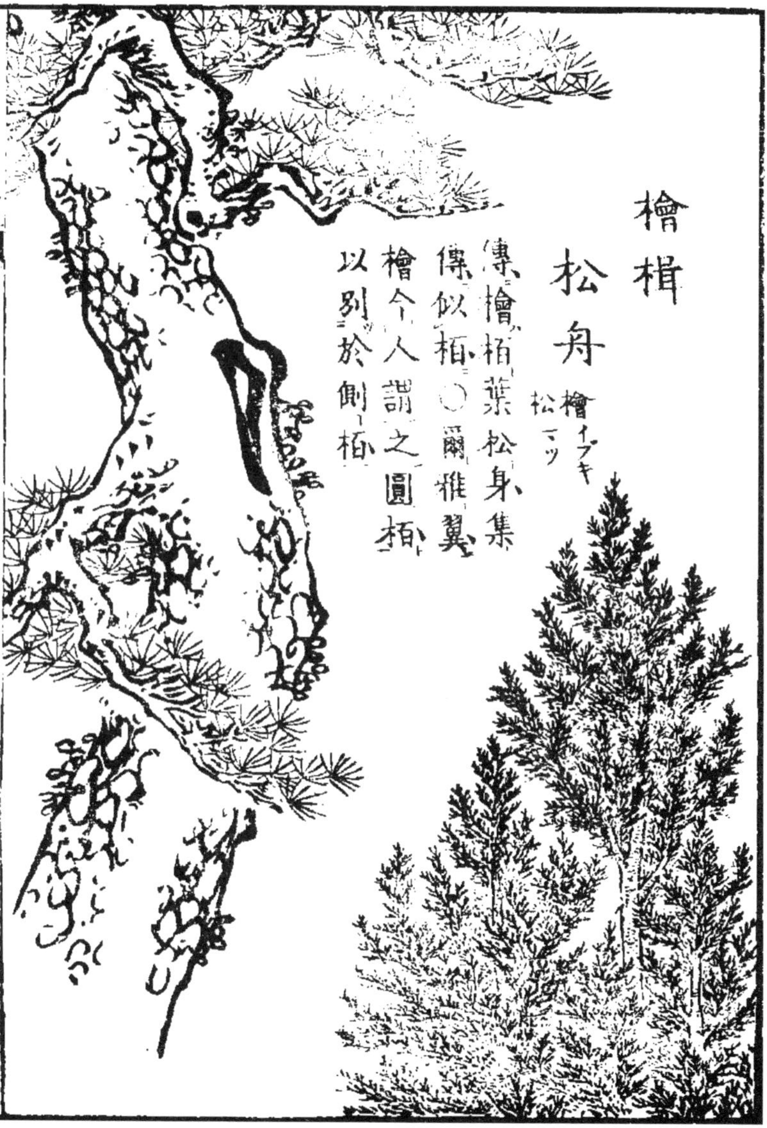

檜楫

松舟

檜イブキ　松マツ

傳、檜、柏葉松身、集傳、似柏。○爾雅翼、檜今人謂之圓柏、以別於側柏。

投我以木瓜　ボケ

傳、木瓜、楙木也。可食之木。集傳、實如小瓜。酢可食。圖經、木瓜其木狀似柰。其花生於春末。而深紅色。其實大者如瓜。小者如拳。爾雅謂之楙。享保中來。漢種官園在焉。

投我以木桃　投我以木李

辨解云、木桃木李直是桃李。木字無意義。蔡度説可從。

不流束蒲

カハヤナギ

傳、蒲草也、箋、蒲蒲柳、集傳、春秋傳云董澤之蒲杜氏云蒲楊柳可以爲箭者是也○孔疏箋以首章言薪下言蒲楚則蒲楚是薪之木名不宜爲草故易傳以蒲爲柳陸璣疏云蒲柳有兩種皮正青者曰小楊其一種皮紅者曰大楊其葉皆長廣似柳葉皆可以爲箭幹故春秋傳曰董澤之蒲可勝既乎今又以爲箕鑵之楊也

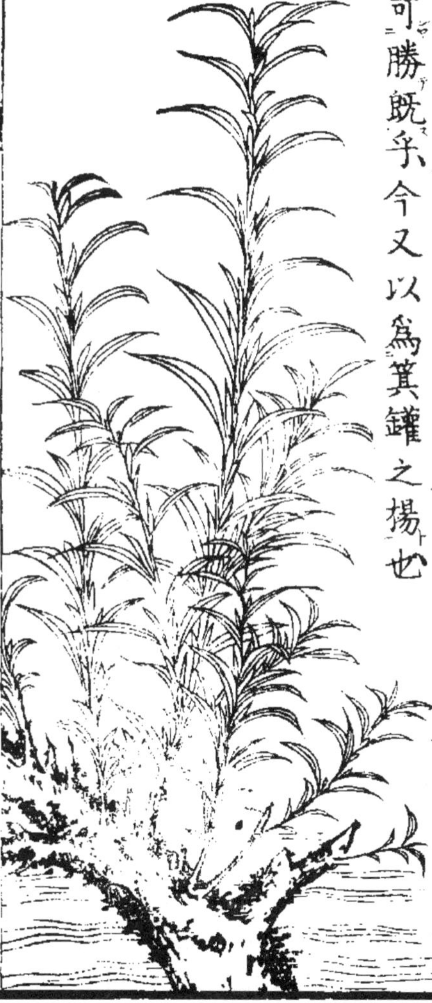

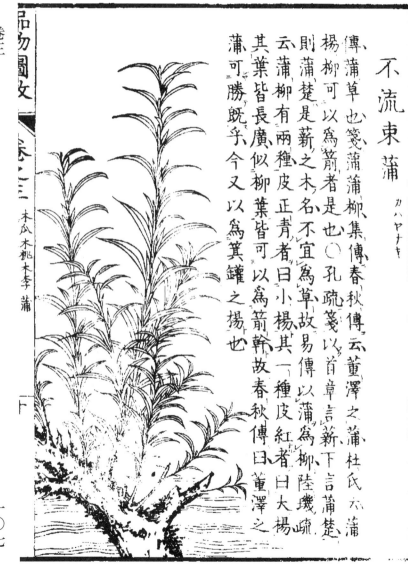

無折我樹杞

コブヤナギ

集傳杞柳屬也生水傍樹如柳葉麄而白色理微赤○嚴緝詩有三杞鄭風無折我樹杞柳屬也小雅南山有杞在彼杞棘山木也集于苞杞言采其杞隰有杞桋枸杞也

無折我樹檀

傳檀彊韌之木集傳檀皮青滑澤材彊韌可為車○未詳

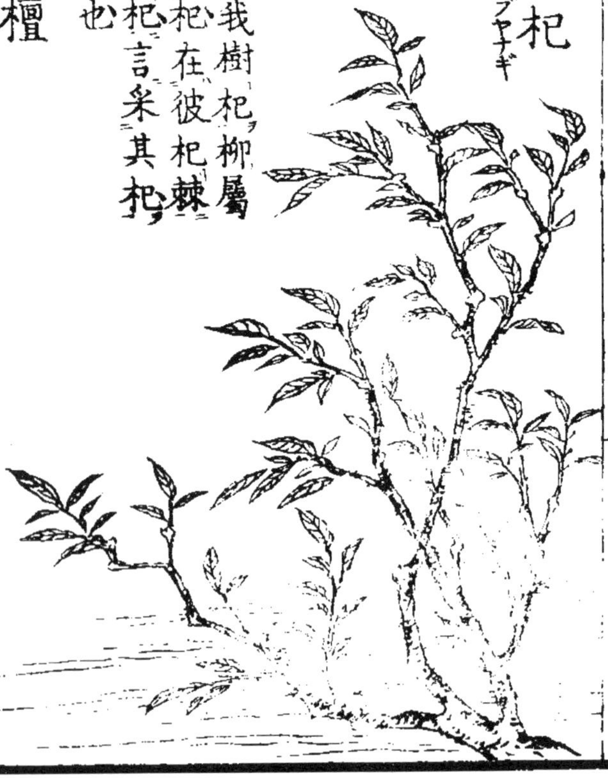

顔如舜華 ムクゲ

傳舜木槿也集傳樹如李其花朝生暮落○埤雅槿一名舜蓋瞬之義取諸此花史等書舜爲槿中一種非古義也

山有扶蘇

傳扶蘇扶胥小木也○孔疏釋木無文傳言扶胥小木者毛當有以知之未詳

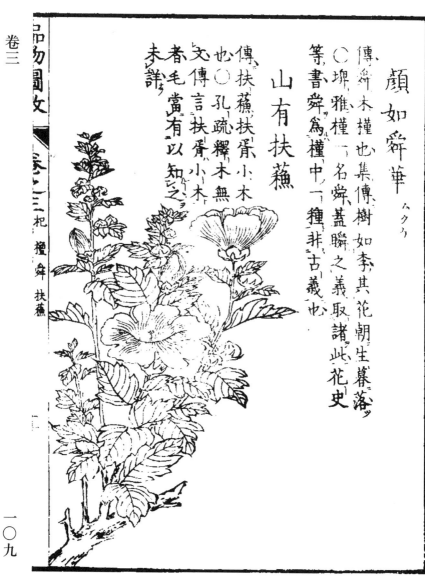

折柳樊圃　シダレヤナギ

傳、柳柔脆之木、集傳、楊之下垂者○埤雅、柔脆易生、與楊同類、縱橫顛倒植之皆生ス

山有樞

ハリニレ

傳樞荎也集傳今刺楡也○陸疏樞其針刺如柘其葉如楡陳藏器云江南有刺楡無大楡刺楡秋實

隰有榆

集傳，榆白枌也。○說約，榆之類凡十餘種，樞為刺榆，則榆正總名也。釋木云，榆白枌，孫炎曰，榆白者為枌，枌亦榆之一種，陸璣釋榆云，白枌也，集傳因之非是。

山有栲

傳，栲山樗也，集傳似樗色小白，葉差狹。

隰有杻 子ズミモチ

傳、杻檍也、集傳、葉似杏而尖、白色、皮
正赤、其理多曲少直、材可爲弓弩幹
者也、按陸璣云、杻枝葉茂好、二月
中葉疏、華如楝而細、蕊正白、正名曰
萬歲、既取名于億萬、此即女貞木實
如鼠屎者、此方云年子
事密貌、地一云的刺
紫跋己大和本草檍
爲挨和己辨解爲總
名共非

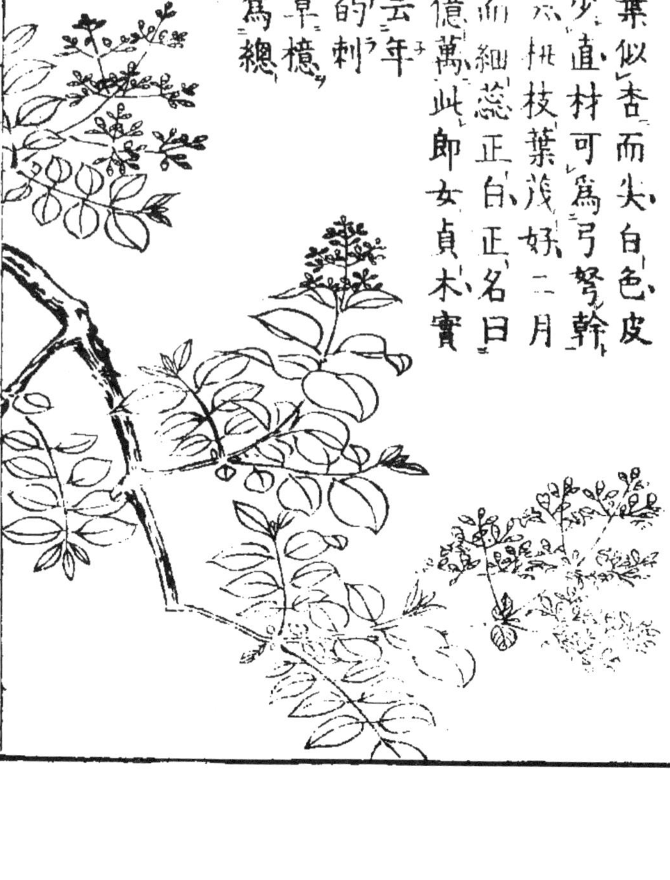

椒聊之實　サンセウ

傳、椒聊椒也箋、椒之性芬香而少實集傳椒似茱萸有針刺、其實味辛而香烈聊語助也○毛晉據爾雅料者聊疑椒聊之聊非語辭可謂穿鑿矣

有杕之杜

傳杜赤棠也〇見甘棠

集于苞栩 ハヽソ

傳栩杼也集傳柞櫟也其子爲皁斗殼可以染皁者是也〇陸疏徐州人謂櫟爲杼或謂之爲栩其實爲皁栩櫟爲一物

隰有楊

集傳、楊、柳之揚起者、

有條有梅

傳、條、稻、集傳、條、山楸也、皮葉白、色亦白、材理好、宜為車版、○爾雅、稻、山榎、注、今之山楸、此與條柚之條不同、梅、傳、枏也、○陸疏、梅似豫章、大木也、名物疏、陸璣所釋有條有梅、自是枏木、似豫章者、豫章大樹、可以為棺舟者也、條梅一木、共未詳、

山有苞櫟

傳、櫟、木也、○見栩、

隰有六駮 ムク

傳駮如馬倨牙食虎豹集傳駮梓榆也其青皮白如駮○駮音同集傳依陸疏辨解云青皮當作皮青陸疏云山有苞棣隰有樹檖皆山隰之木相配不宜謂獸

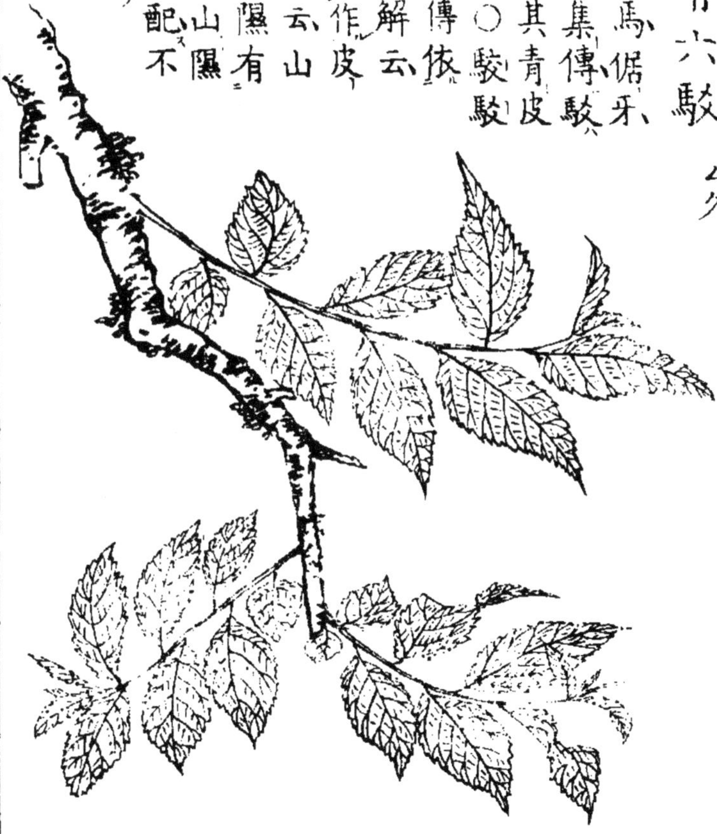

山有苞棣

傳棣唐棣也○按唐棣常是常棣傳云唐棣移常棣棣也正與爾雅合然則不得謂棣爲唐棣常棣見下

隰有樹檖 アリノミ

傳檖赤羅也集傳實似梨而小酢可食○埤雅檖木文細密如羅亦有華者俗謂之羅錦

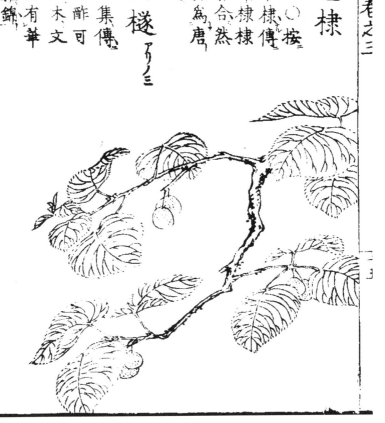

東門之枌 見楡

傳枌白楡也集傳先生葉却著莢皮色白

猗彼女桑 メクハ

傳女桑荑桑也箋女桑少枝長條不ル枝落者集傳小桑也

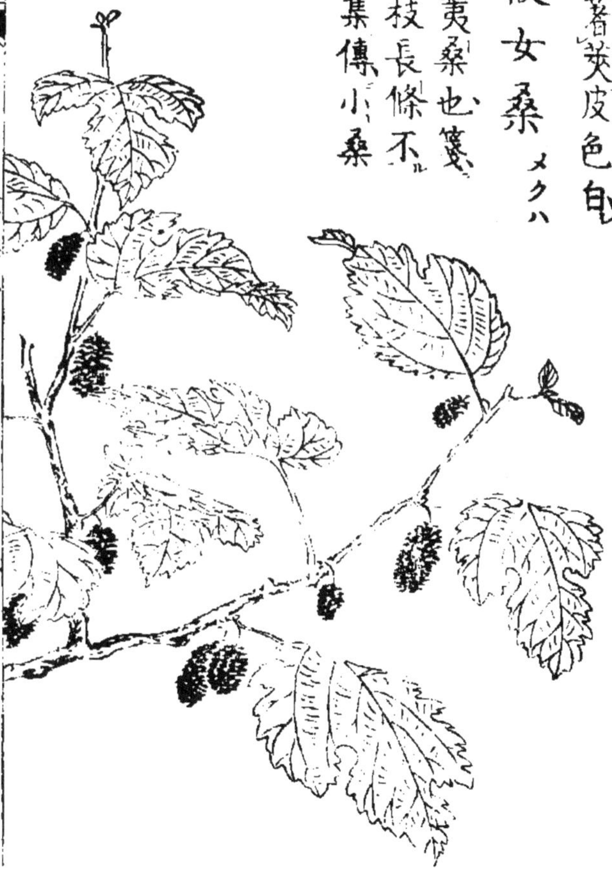

六月食鬱及薁

ニハムメ

傳鬱棣屬鬱是常棣屬孔疏謂唐棣之類屬亦混見常棣條

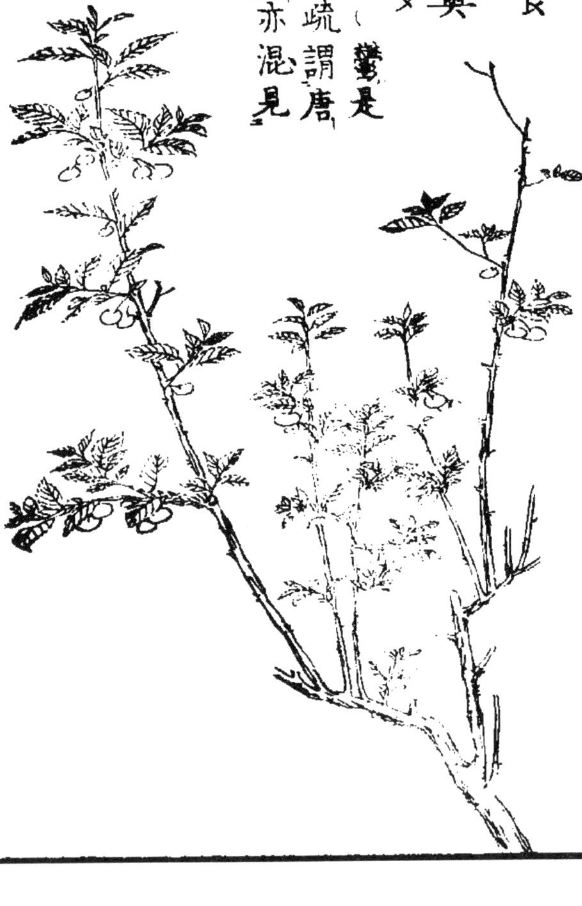

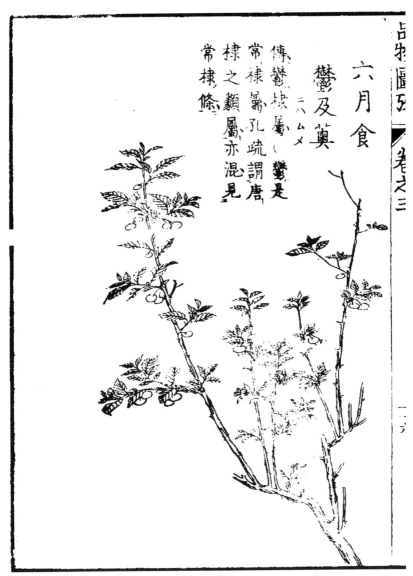

八月剝棗 ナツメ

埤雅、大者棗、小者棘、

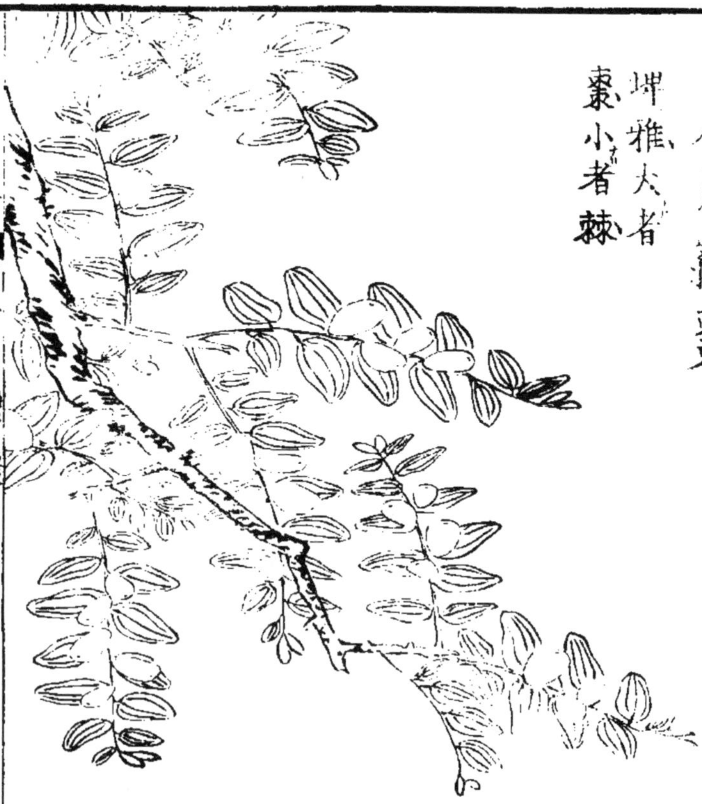

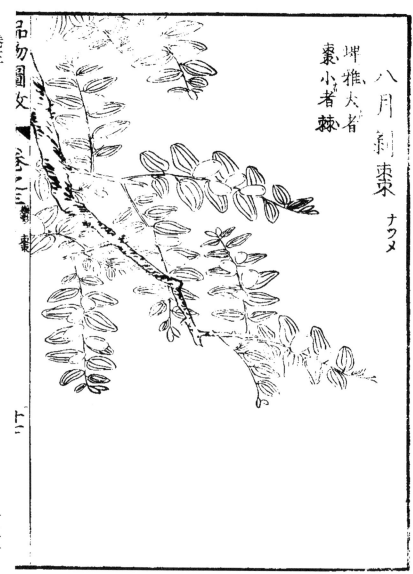

采荼薪樗 キツ子ノ手ブ名

傳、樗惡木也
○陸疏、樗樹及皮皆似漆、青色耳、其葉臭、圖經、椿樗二木形幹大、不相類、但椿木實而葉香、樗木疎而氣臭、

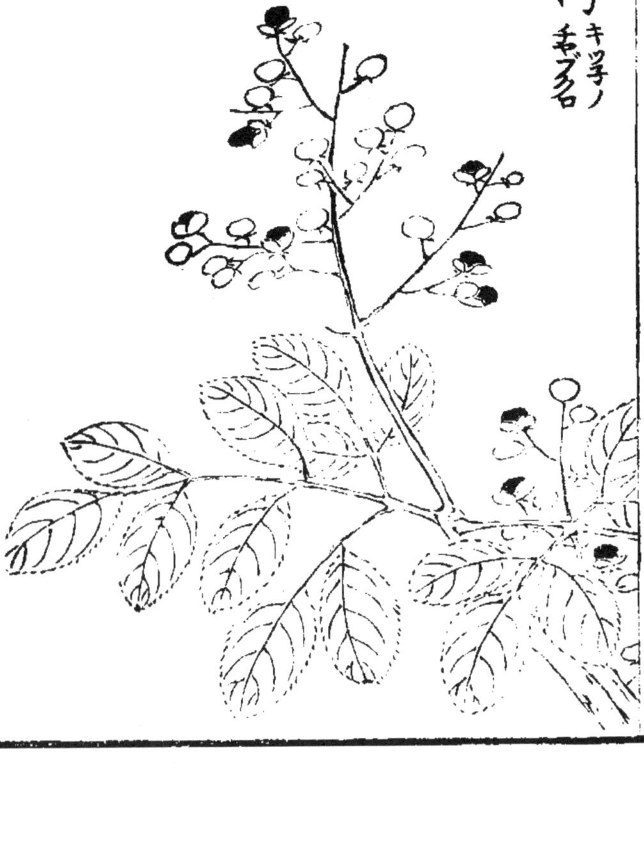

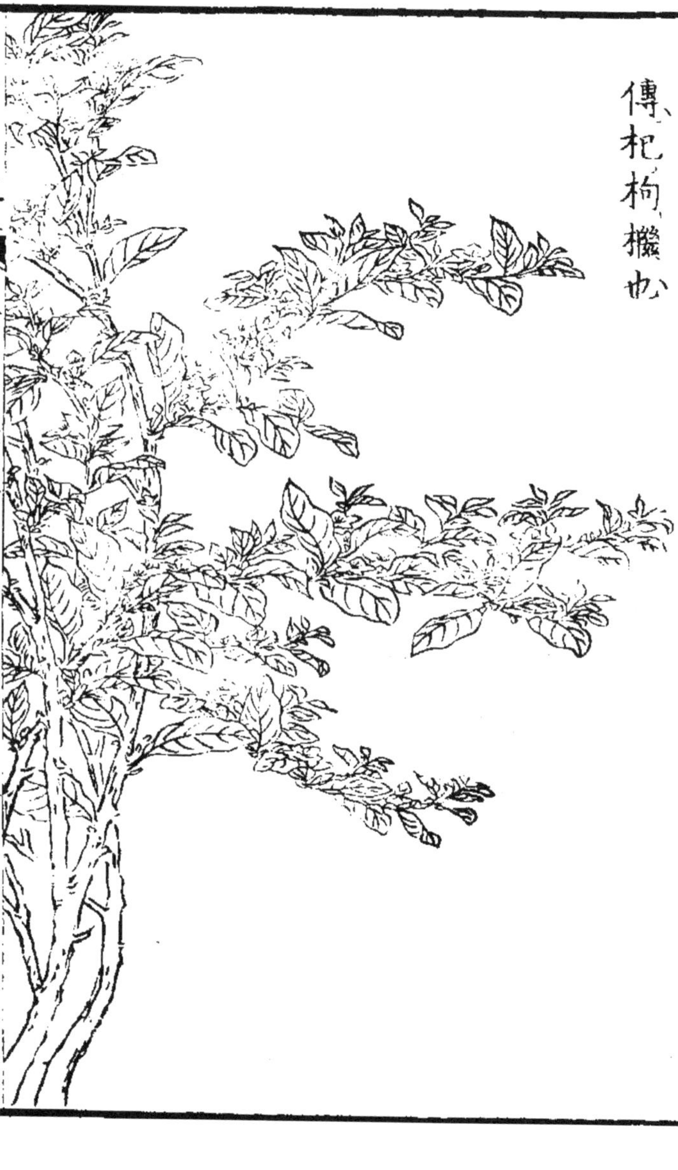

集于苞杞 クコ

傳、杞、枸、檵也

常棣之華

ニハサクラ

傳常棣棣也集傳子如櫻桃可食○常棣注本或作棠棣埤雅棠棣如李而小子如櫻桃正白花萼上承下覆甚相親爾致富全書郁李俗名壽李高五六尺叢生開細花或紅或白繁穠可愛綱目郁李郁馥郁也花實俱香故以名之爾雅棠棣即此此方郁李樹二種曰尼黃索忽賴常棣是也曰尼黃烏眉七月鬱是也

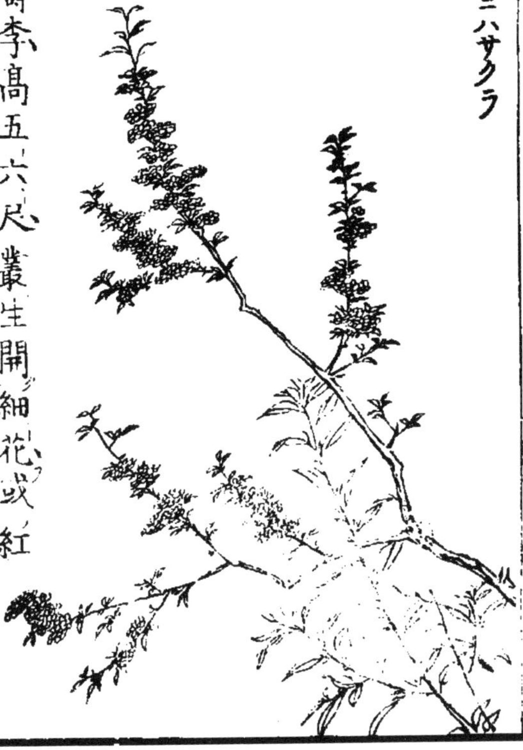

維常之華 傳常常棣也

楊柳依依

傳、楊柳、蒲柳也○楊柳一物二種、如楊柳依依則合而言之非有差別

南山有杞 ヒイラギ

集傳、杞樹如樗、一名狗骨、

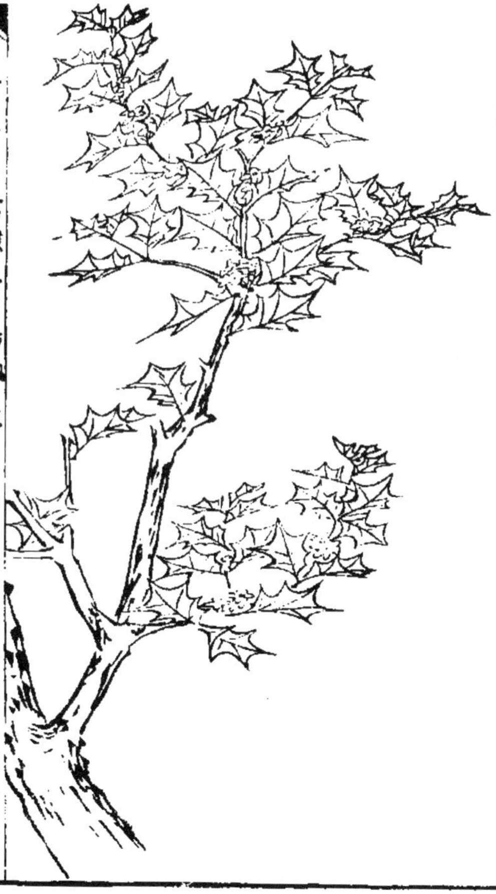

南山有

枸（ケンポノナシ）

傳、枸、枳枸。集傳、樹高大似白楊。有子著枝端。大如指。長數寸。噉之甘美如飴。八月熟。亦名木蜜。

北山有楰

傳、楰、鼠梓。集傳、樹葉木理如楸。亦名苦楸。○圖經、鼠梓、楸屬。鼠李一名鼠梓。或云即此。然花實都不相類。恐別一物而名同爾。

其下維穀

カヂ

傳穀惡木也集傳一名楮○穀亦作構酉陽雑俎穀田久廢必生構葉有瓣曰楮無瓣曰構陸疏今江南人績其皮爲布又擣以爲紙謂之穀皮紙長數丈潔白甚好

隰有杞桋

傳杞枸檵也桋赤棟也集傳桋樹葉細而岐鋭皮理錯戾好叢生山中中爲車輞○杞見前桋未詳

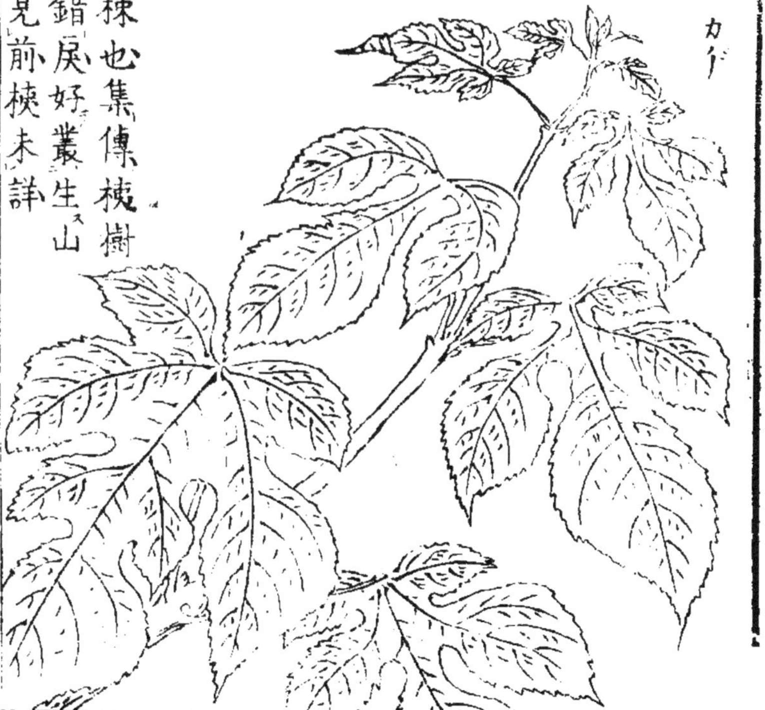

蔦與女蘿　ヤドリギ

傳蔦寄生也集傳葉似當盧子如覆盆子赤黑甜美

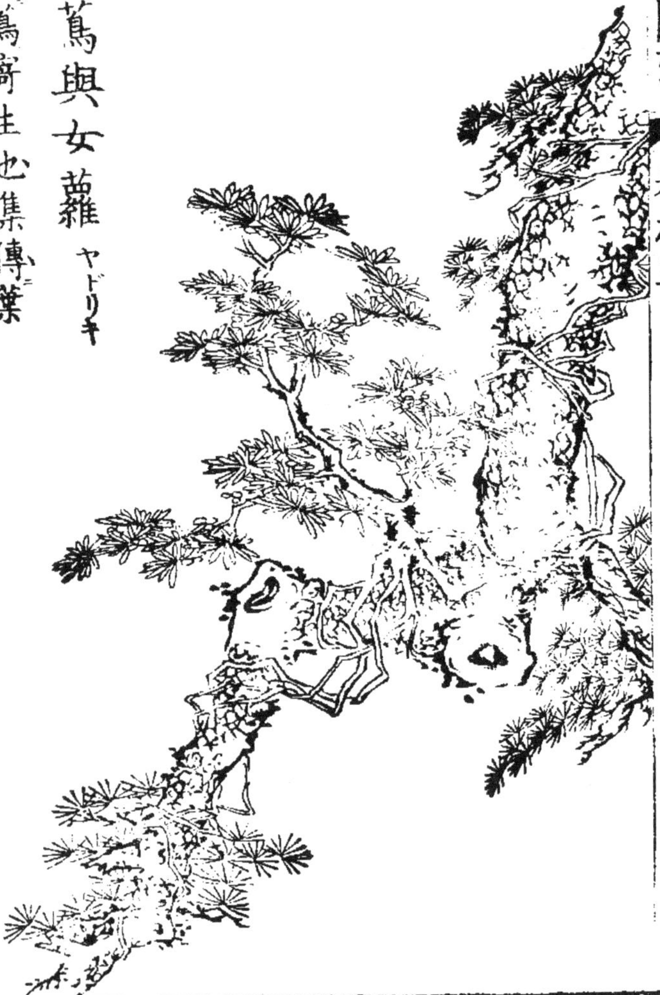

維柞之枝 イヌツゲ

箋柞之葉新將生故乃落于地集傳櫟也柞棫拔矣註枝長葉盛叢生有刺○孔疏柞葉新將生故乃落于地其枝常有葉嚴緝曹氏曰柞堅忍之木其葉附著甚固此乃鑿于木但柞棫之柞當作柞櫟看而集傳似混柞櫟見栩

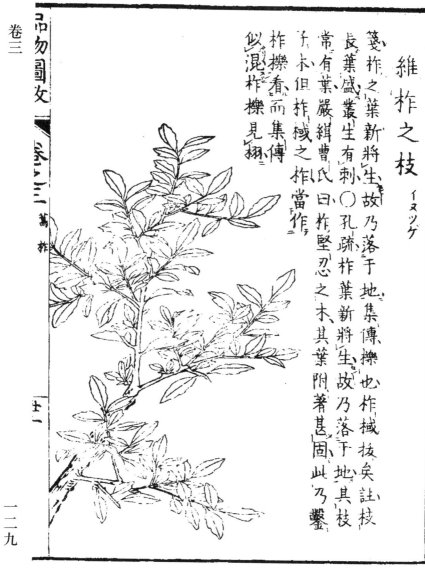

柞棫拔矣

傳棫白桵也集傳小木亦叢生有刺○陸疏棫即柞也其材理全白無赤心者爲白桵直理易破蓋亦柞櫟中一種此方柞櫟亦種類非一

榛楛濟濟

集傳楛似荊而赤○陸疏形似荊而赤莖似蓍○楛未詳

其灌其栵

傳栵栭也集傳栵行生者也○綱目栗之小者如指頂者爲茅栗卽爾雅栭栗也一名栵栗可炒食之此方名施拔忽利然灌已爲叢生則集傳栵爲行生者其義長矣

其檉　其椐　ギヨリウ

傳檉河柳也集傳似楊赤色生河邊○檉柳今日御柳處處多種頗易生活然未見至大木者其曰御柳亦是漢名見五雜俎檉柳形狀花鏡詳之

椐傳樻也集傳腫節似扶老可爲杖者○陸疏今靈壽是也漢書孔光年老賜靈壽杖師古註木似竹有枝節自然合杖制不須削治此方未詳何物辨解以呼山繡毬者充椐恐非其類

其檿其柘ヤマクハ

傳檿山桑也集傳與柘皆美材可爲弓幹又可蠶也○檿在此方未詳柘呼山桑者卽是也

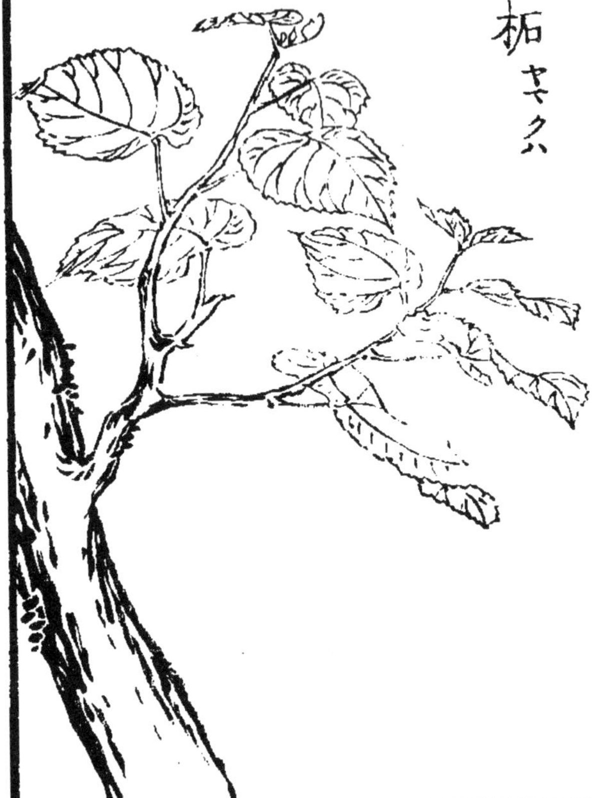

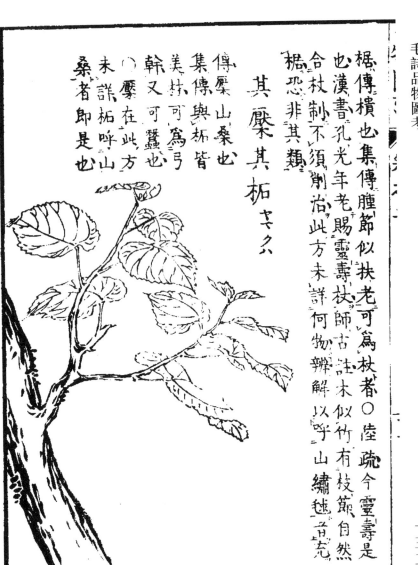

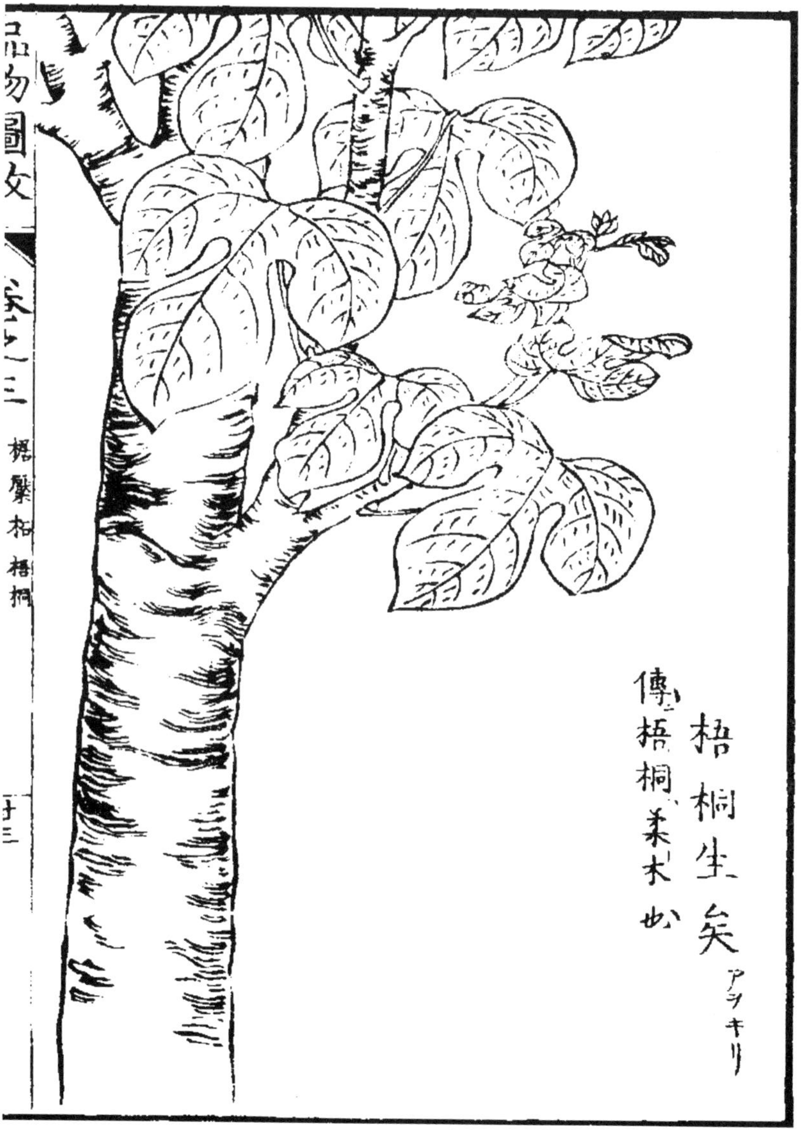
品物圖文
巻之三
廿三
梧桐生矣
アヲキリ
傳、梧桐、柔木也

毛詩品物圖攷卷三終

毛詩品物圖攷卷四

浪華岡元鳳纂輯

鳥部

關關雎鳩 ミサゴ

傳雎鳩王雎也鳥摯而有別集傳水鳥也狀類鳧鷖今江淮間有之生有定偶而不相亂偶常並遊而不相狎故毛傳以爲摯而有別○摯與鷙通雎鳩鷙鳥也翺翔水上扇魚攫而食之大小如鴟

黄鳥于飛 カウライウグヒス

傳黄鳥摶黍也集傳黄鳥鸝也○黄鳥鶯即黄鸝一名摶黍一名倉庚一名商倉一名鶩黄一名鸝鶬一名楚雀一名黄袍一名金衣公子吾國黄鳥希見南海山中有之大于紫寓容頭背黄緑腹淡白有眉黒色國中古来通以報春代充黄鳥取其音圓活亦可賞

維鵲有巢

タウカラス

集傳鵲善爲巢其巢最爲完固

○西海諸州多有之大如慈烏長尾尖嘴尾翮黑白相雜

維鳩居之

傳鳩鳲鳩秸鞠也集傳鳩性拙不能爲巢或有居鵲之成巢者○按毛氏以秸鞠解之然大抵諸鳩拙于爲巢故禽經云拙者莫如鳩不能爲巢此鳩不必指一種秸鞠見下鳩古云也埋法禿對異圖法禿今人偏呼綠色者爲也埋法禿是青鵻也鵻爲異圖法禿

誰謂雀無牙 スヾメ

古今注、雀一名家賓、

燕燕于飛　ツバメ

傳燕燕鳦也集傳謂之燕燕者重言之也〇身輕小胸紫而多聲名越燕斑黑臆白而聲大名胡燕

雄雉于飛　キジ

集傳、雉、野雞、雉者有冠、長尾、身有文采、善鬬。

雝雝鳴雁　カリ

集傳、雁似鵝畏寒、秋南春北、

流離之子 フクロウ

傳流離鳥也少好長醜○集傳以爲漂散之義非鳥名按楊升菴文集引尹子曰詩詠流離史書梟鏡流離鳥名少好長醜蓋毛鄭舊說也爾雅鳥少美長醜爲鶹鷅郭云鶹鷅猶流離陸疏自關而西謂梟爲流離流離之爲鳥不可改也

莫黑匪烏　カラス

集傳烏鴉黑色皆不祥之物人所惡見者也〇烏之雌雄相似而難辨因樹屋書影云烏其翼左掩右者爲雄右掩左者爲雌一說焚其毛置水中沈者爲雄浮者爲雌此說見本草弘景謂恐止是鵲未詳其然

鴻則離之ヒシクヒ

鴻雁于飛傳大曰鴻小曰雁集傳鴻雁之大者○鴻好食菱實故俗呼肥施古乙

鶉之奔奔 ウヅラ

集傳、鶉鵪鶉屬。○本草、鶉大如雞雛、頭細而無尾、有斑點、雄者足高、雌者足卑、無斑者為鵪、有斑者為鶉、此方未見無斑者。

于嗟鳩兮無食桑葚 ユバト

傳鳩鶻鳩也食葚甚過則醉而傷其性集傳似山雀而小短尾青黑色多聲○小宛鳴鳩一物鸞鳩也嚴緝辨五鳩其說可從李時珍云今夏月出一種糠鳩微帶紅色小而成羣好食桑椹及半夏苗即此也

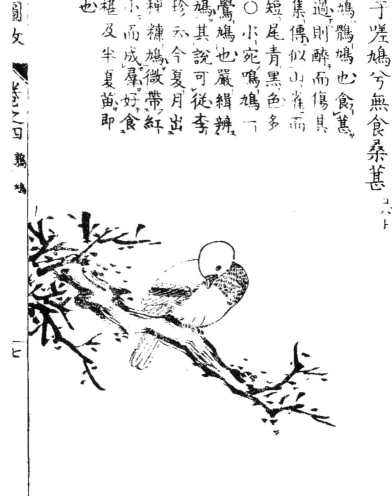

鷄棲于塒　ニハトリ

説文知時畜也

弋鳧與雁

カモ

集傳鳧水鳥如鴨青色背上有文○爾雅鳧雁醜其足蹼其踵企郭云脚企指間有幕蹼屬相著飛即伸其脚跟企直

肅肅鴇羽 ノガン

傳、鴇之性不樹止、集傳似雁而大、無後趾○一名獨豹、毛有豹文、故名、孔疏鴇鳥連蹄、性不樹止、樹止則苦、

有鴞萃止 見泮離條

傳鴞惡聲之鳥也集傳鵂鶹惡聲之鳥也〇大全濮氏曰漢書云霍山家鴞數鳴楚辭注鵂鶹二物又云鵂似鴞本草云其實一耳陸氏曰今謂之鵩鸋亦曰怪鴟按鴞一名梟又名鵩賈誼所賦是也此云福古魯鵩是怪鴟一名鵂鶹此云搖它各共惡聲之鳥瞻卬云爲梟爲鵩可知分明是二物但鵩又稱鵂鴞故致紛紜耳集傳鴞爲鵂鶹者謬矣

鴥彼晨風 サレバ

傳晨風鸇也〇陸疏似鷂青黃色燕頷句喙嚮風搖翮乃因風急疾擊鳩鴿燕雀食之

維鵜在梁

ガランテウ

傳鵜洿澤鳥也集傳洿澤水鳥也俗所謂淘河也〇鵜鶘音烏澤三國志魏文帝時鵜鶘集靈芝池詔云此詩人所謂汙澤也

鳲鳩在桑 ツヽドリ

傳鳲鳩秸鞠也鳲鳩之養其子朝從上下莫從下上平均如一集傳秸鞠亦名戴勝今之布穀也○按陸疏鳲鳩謂鴶鵴今梁宋之閒謂布穀爲鴶鵴一名擊穀一名桑鳩此方呼紫紫兎利者是也一名勿勿或以兎施搖利谷衣充之非也戴勝非布穀爾雅疏辨之甚詳此云戴鵀是也

七月鳴鵙 モズ

傳鵙伯勞也○易通卦驗云博勞夏至應陰而鳴冬至而止故帝少皞以爲司至之官嚴粲云五月伯勞始鳴應一陰之氣至七月猶鳴則三陰之候寒將至故七月聞鵙之鳴先時感事也

鴟鴞鴟鴞

ミヽヅク
ヨタカ

傳、鴟鴞鸋鴂也。集傳、鴟鴞鵂鶹、惡鳥攫鳥子而食者也。○鴟鴞衆說紛紛、鵂鶹之說可從。爲梟爲鴟之鴟同此。

鸛鳴于垤 コウヅル

傳鸛好水長鳴而喜也箋鸛水鳥也將陰雨則鳴集傳鸛水鳥似鶴者也○本草鸛頭無丹項無烏帶身似鶴不善唳但以喙相擊而鳴有二種白鸛烏鸛

有鳴倉黃

傳倉黃離黃也集傳黃鸝也○見黃鳥條

翩翩者鵻

傳、鵻夫不也、箋、夫不鳥之慤謹者、集傳、今鵓鳩也、凡鳥之短尾者、皆鵻屬、〇爾雅、鵻其鳺鴀、一名祝、又名鵓鳩、似斑鳩而臆無繡采、六書故、鵓鴣斑鳩差小者、頭有白點斑、聲若布穀、又謂勃姑、今充施搖立谷衣也

脊令在原　セキレイ

傳脊令雝渠也飛則鳴行則搖不能自舍耳集傳水鳥也

鴥彼飛隼

ハヤフサ

箋、隼急疾之鳥也飛乃至天集傳鷂屬急疾之鳥也○似鷹蒼黑色性猛而不悍攫鳥而食不争羣處並居埤雅鷹之搏噬不能無失獨隼爲有準

鶴鳴九皋

集傳、鶴長頸竦身高脚、頂赤、身頸尾黑、其鳴高亮、聞八九里、一名仙禽、有白有黄、亦有灰蒼色、世所尚者白鶴

如翬斯飛 ミヤキジ

箋、翬鳥之奇、異者、集傳、翬雉〇爾雅、雉素質五彩皆備成章曰翬

宛彼鳴鳩

傳、鳴鳩鶻鵰、集傳、斑鳩也〇詩緝、鶻鳩鷽鳩、非斑鳩、此說是也坻桑蓍之鳩及莊子鷽鳩一物見前

交交桑扈

傳、桑扈竊脂也集傳、俗呼青觜、肉食不食粟〇淮南子云馬不食脂桑扈不食粟此鳥不食粟亦是一說然殊不然

弁彼鸒斯

ピンジヤウカラス

傳鸒卑居居卑居鴉烏也集傳小而多羣腹下白江東呼為鵯烏斯語詞也○鸒稲氏云石磨矢耶烏革落思出加賀白山中腹下白即此也未詳

匪鶉匪鳶　鶉ワシ

傳鶉鵰也鶉鳶貪殘之鳥也

鳶トビ

集傳鳶鷙鳥也其飛上薄雲漢

鴛鴦于飛

傳鴛鴦匹鳥也○崔豹古今注鴛鴦鳧類雌雄未嘗相離人得其一則一必思而死故謂匹鳥此方所稱屋施是鸂鶒鴛鴦一種而尾有柁者也鴛鴦鸂鶒一類別種而鸂鶒殊美故謝靈運賦云覽水禽之萬類信莫麗於鸂鶒倭中不產鴛鴦時有海舶來者

有集維鷮　ヤマドリ

傳鷮雉也集傳微小於翟走而且鳴其尾長肉甚美○埤雅辭綜曰雉之健者爲鷮尾長六尺

有鶖在梁

傳鶖禿鶖也

箋鶖之性貪惡○禿鶖一名扶老狀如鶴而大頭項皆無毛張翼廣五六尺舉頭高七八尺鳥之大者魯語海鳥曰爰居止于東門之外是也

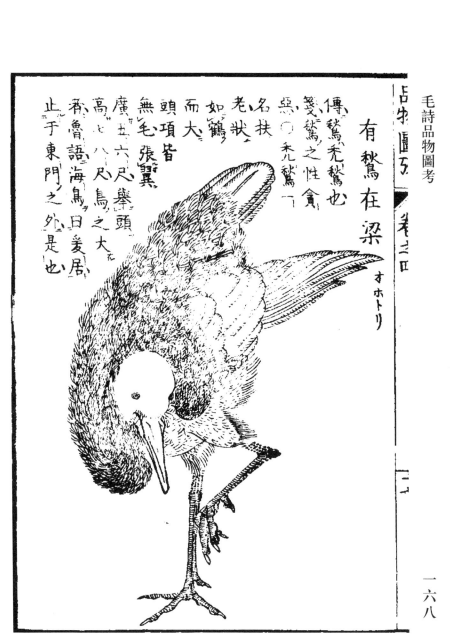

時維鷹揚 タカ

裴氏新書鷹在衆鳥間若睥睨然故積怒而後全剛生焉詩大雅維師尚父時維鷹揚言其武之奮揚也

鳧鷖在涇（カモメ）

傳、鷖鳧屬、

集傳、鷖鷗也、

鳳凰于飛

傳鳳凰靈鳥仁瑞也雄曰鳳雌曰凰

振鷺于飛　サギ

傳、鷺白鳥也。集傳、鷺舂鉏、今鷺鷥好而潔白、頭上有長毛。○鷺步於淺水、好自低昂、如舂如鋤之狀、故曰舂鉏。

肇允彼桃蟲　サヽイ

傳桃蟲鷦也鳥之始小終大者集傳桃蟲鷦鷯小鳥也鷦鷯之雛化而爲鵰故古語曰鷦鷯生鵰言始小而終大也○毛晋云陸疏鴟鴞一條與鷦鷯甚合故先儒援引多及之馮氏名物疏已詳辨矣按鷦鷯生鵰語出焦氏易林不必實然

毛詩品物圖攷卷四終

毛詩品物圖攷卷五

獸部

浪華岡元鳳纂輯

我馬虺隤

詩中所出色稱亦多辨解詳之

麟之趾

集傳，麟，麕身，牛尾，馬蹄，毛蟲之長也

誰謂鼠無牙 子ズミ

集傳鼠蟲之可賤惡者○典籍便覽鼠一名家兔

羔羊之皮 ヒツジ

傳。小曰羔。大曰羊。○伐木。既有肥羜。羜。未成羊也。苕之華。牂羊墳首。牂羊。牝羊也。生民先生如達。達。小羊也。取羝以軷。羝。牡羊也。○羊生海島者。爲綿羊。剪毛作氊。此云索異那哥埋

野有死麕　句

集傳、麕獐也、鹿屬、無角。○還並驅從兩肩、七月獻豜于公、肩豜字同、麕有力者凡獐類多、麕爲總名、稻氏云、此方無獐、水藩嘗致自朝鮮、放之於野、是以常山有獐焉

無使尨也吠　ムクイヌ

傳尨狗也集傳犬也○盧令令田犬也駟鐵載獫歇驕皆田犬名長喙曰獫短喙曰歇驕

壹發五豝

壹發五豵　ブタ

傳豕牝曰豝一歲曰豵箋生三曰豵集傳豝牡豕也一歲曰豵亦小豕也〇潛室陳氏曰毛傳云豕牝曰豝集傳牡字恐當作牝

于嗟乎騶虞

傳騶虞義獸也白虎黑文不食生物有至信之德則應之○正字通騶虞或作騶吾騶术吾犲字雖與虞異其爲騶虞一也字彙分騶虞騶牙爲二獸泥

有力如虎 トラ

莫赤匪狐　キツ子

集傳狐獸名似犬黃赤色

象之揥也

集傳、象、象骨也○中國無象、出交廣及西域、吾國享保中、廣南獻象、記傳至今

羊牛下來 ウシ

無羊九十其犉黃牛黑脣曰犉

有兔爰爰

ウサギ

並驅從兩狼兮

集傳狼似犬銳頭白頰高前廣後〇陸佃云狼大如狗青色作聲諸竅皆沸善逐獸里語曰狼卜食狼將遠逐食必先倒立以卜所向故獵師遇狼輒喜狼之所嚮獸之所在也

有縣貆兮

箋、貉子曰貆、集傳、貆貉類、

一之日于貉 ムジナ

傳、于貉、謂取狐貍皮也、集傳、貉狐貍也○狐貍貉本自三種、貉似貍鋭頭尖鼻斑色善睡埤雅云詩一之日云云言往祭表貉因取狐貍之皮爲裘故傳曰取狐貍皮也直曰貉狐貍也覺牽混難說

取彼狐貍 タヌキ

爾雅貍狐貒貈醜其足蹯疏說文云蹯掌也此四獸之類皆有掌蹯

呦呦鹿鳴 シカ

集傳、鹿獸名有角○靈臺麀鹿攸伏麀牝鹿也

象弭魚服上、

傳、魚服、魚皮也

箋、服、矢服也、集

傳、魚獸名、似猪、

東海有之、其皮

背上斑文、腹下

純青、可爲弓鞬、

〇陸疏、一名魚

貍、

維熊維羆 クマ

集傳羆似熊而長頭高脚猛憨多力能拔樹○羆未詳

投畀豺虎 ヤマイヌ

急就篇師古註豺深毛而狗足

毋教猱升木 サル

傳猱獶屬箋猱之性善登木集傳猱獼猴也○孔疏猱則獶之輩屬非獶也陸璣云猱獼猴也楚人謂之沐猴老者爲玃長臂者爲獶獶之白腰者爲獑胡獑胡獶駿捷於獼猴然則猱獶其類大同也

匪兕匪虎

傳兕虎野獸也集傳兕野牛一角青色重千斤典籍便覽其皮堅厚可以制鎧或云兕即犀之牸者一角長三尺又云古人多言兕今人多言犀北人多言兕南人多言犀

有貓有虎

傳貓似虎淺毛者也○爾雅虎竊毛謂之虦貓疏竊淺也虎之淺毛者別名虦貓辨解為家貍非是

獻其貔皮

傳貔猛獸也○書註貔一名執夷虎屬也

赤豹黃羆

共未詳

毛詩品物圖攷卷五終

毛詩品物圖攷卷六

浪華岡元鳳纂輯

蟲部

螽斯羽詵詵兮

キリグス
ウリクヒムシ

傳、螽斯、蚣蝑也、集傳、蝗屬、長而青、長角長股、能以股相切作聲、一生九十九子、○爾雅、蜤螽、蚣蝑、蜤音斯、邢昺云、蜤螽、周南作螽斯、七月作斯螽、惟字異文倒、其實一也、一名蚣蝑、一名蜙蜒、一名蝽蟍、螽總名、斯語詞、註家以爲蚣蝑、則今吉里吉里斯也、

喓喓草蟲

ツユムシ

傳草蟲常羊也集傳蝗屬奇音青色○草蟲爾雅草螽卽是也陸云好在茅草中

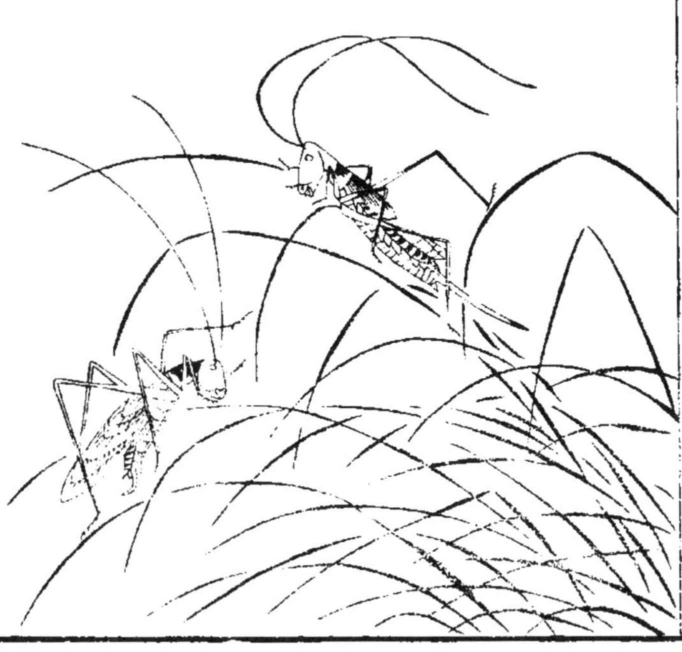

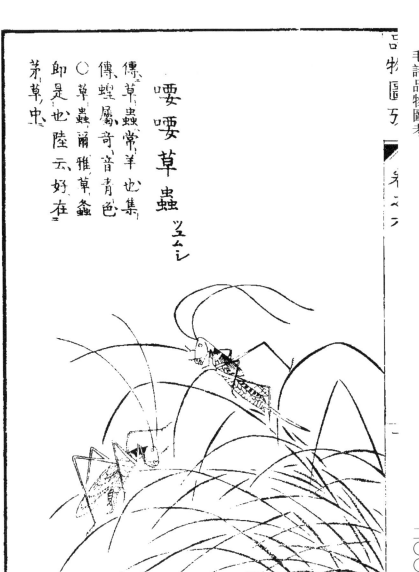

趯趯阜螽　ハタく

傳阜螽蠜也箋草蟲鳴阜螽躍而從之異種同類○陳藏器云阜螽如蝗東人呼為舴艋有毒有黑斑者此云法他法他嚴緝阜螽蠜螽為一物爾雅有明解不可混矣

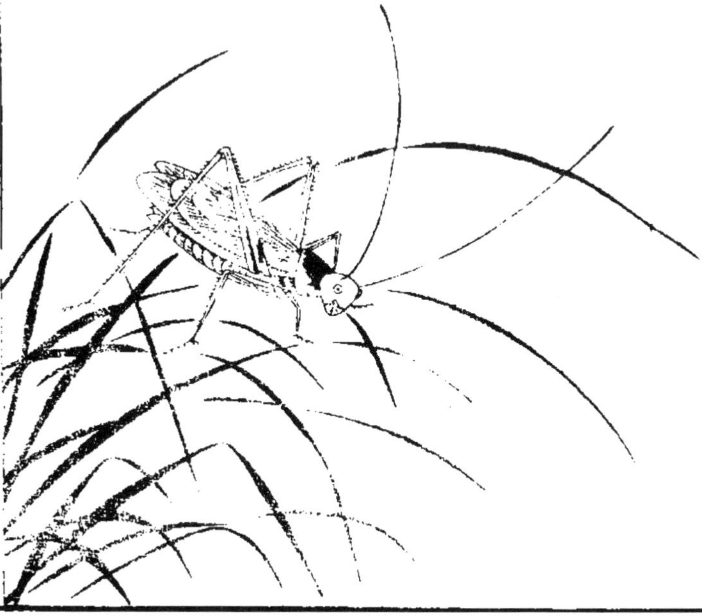

領如蝤蠐 スクモムシ

傳、蝤蠐蝎蟲也、集傳、木蟲之白而長者、○蝤蠐一名蝎、一名木蠹蟲、一名蛣𧌑、生腐木中、名物疏云、蝎自蝤蠐之異名、非蠆尾之蠍、

螓首蛾眉

傳、螓首顙廣而方、箋、螓謂蜻蜻也、集傳、螓、如蟬而小、其額廣而方正、蛾蠶蛾也○螓此云遍幾設密、爾雅翼、螓蟭蟟之小而綠色者、螓首卽角犀豐盈之謂也、韻會、蛾似黃蝶而小、其眉句曲如畫、

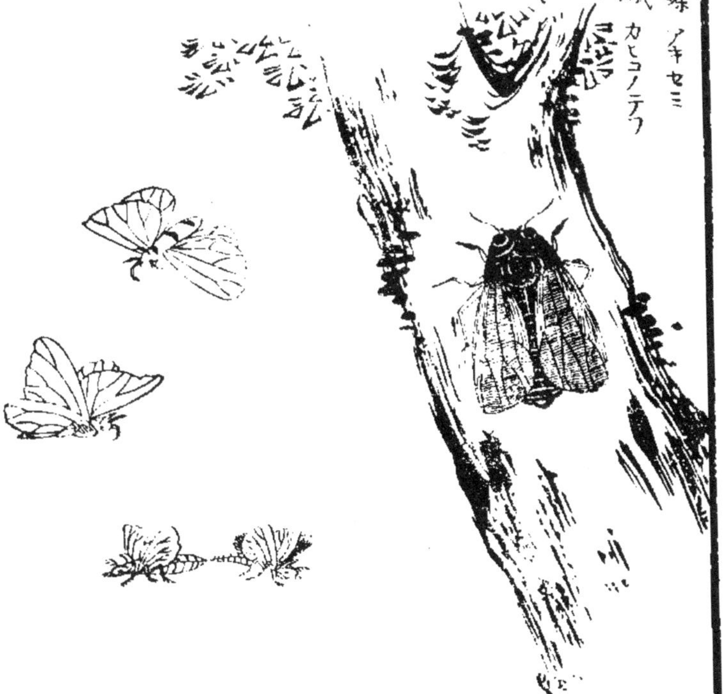

蒼蠅之聲 八八

傳蒼蠅之聲有似遠雞之鳴○古義天將曙而蒼蠅始有聲

蟋蟀在堂

古名キリぐス

傳、蟋蟀蛬也集傳、蟲名似蝗而小、正黑有光澤如漆有角翅或謂之促織〇陸疏楚人謂之王孫幽州人謂之趨織里語曰趨織鳴嬾婦驚是也此方古名吉里吉里斯故與蚣蝑易混

蜉蝣之羽 アサカホ

傳。蜉蝣。渠畧也。朝生夕死。集傳。似蛣蜣身狹而長角黃黑色朝生暮死○毛晉云今水上有蟲羽甚整白露節後羣浮水上隨水而去以千百計宛陵人謂之白露蟲毛說本許叔重稻氏從之雖非舊說亦有據焉

五月鳴蜩　如蜩如螗

傳、蜩螗也集傳、蜩螗皆蟬也

六月莎雞振羽　クダマキ

傳、莎雞羽成而振訊之。集傳、斯螽莎雞蟋蟀一物隨時變化、而異其名。○爾雅翼、莎雞振羽作聲。其狀頭小而羽大、有青褐兩種。率以六月振羽作聲、連夜札札不止。其聲如紡絲之聲、故一名梭雞。今俗人謂之絡絲娘。蓋其鳴時又正當絡絲之候。莎雞今俗謂之管巻、頭小而身大、有鬚、聲如緯車。斯螽也、莎雞也、蟋蟀也、迥然三物、集傳訛之、諸書辨其非矣。斯螽是蚣蝑、莎雞是絡緯、蟋蟀是促織。如是分別、各得其物。高啓詩、蟋蟀催寒輸絡緯。可謂二蟲之知音矣。

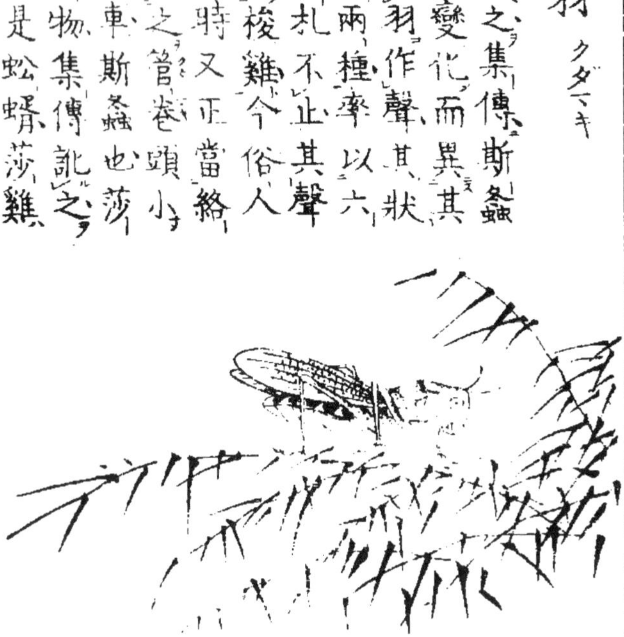

蠶月條桑 カヒコ

蜎蜎者蠋 クハノムシ

傳蠋桑蟲也集傳桑蟲如蠶者也○郭璞云蟲大如指似蠶韓非子云鱣似蛇蠶似蠋人見蛇則驚駭見蠋則毛起然婦人拾蠶而漁人握鱣故利之所有皆爲賁育

伊威在室

ヲメムシ
セキダムシ

傳、伊威委黍也集傳、鼠婦也室不掃則有之○寇宗奭云濕生蟲多足大者長三四分其色如蚓背有横紋蹙起

蠨蛸在戶

アシタカクモ

傳、蠨蛸長蹄也 集傳、小蜘蛛也 戶無人出入則結網當之○爾雅、蠨蛸長蹄註、小鼅鼄長脚者 俗呼爲喜子

熠燿宵行

傳熠燿燐也燐螢火也集傳宵行蟲名如蠶夜行喉下有光如螢○二說不同稱氏云張華詩涼風振落熠燿宵流是熠燿之爲螢也此說爲得但燐非螢火孔疏詳之

維虺維蛇

集傳虺蛇屬細頸大頭色如文綬大者長七八尺○虺一名蝮有牙最毒埤雅云虺狀似蛇而小集傳七八尺蓋蝮之至大者也

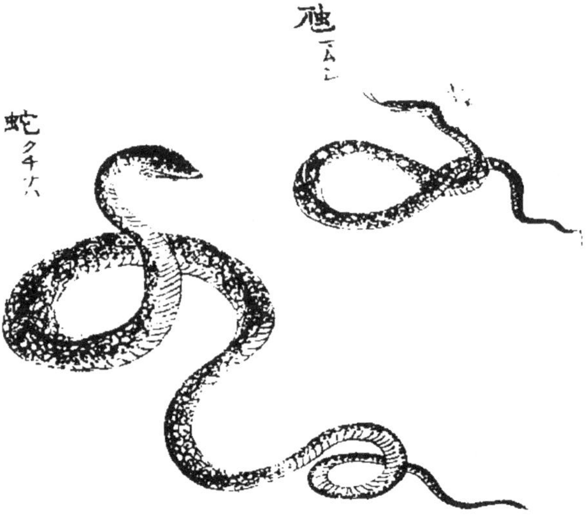

胡爲虺蜴 トカゲ

傳、蜴、蠑螈也、箋、虺蜴之性、見人則走集、傳、虺蜴皆毒螫之蟲也〇爾雅、翼、蜥蜴似蛇而四足五六寸、生草澤中、爾雅、榮螈蜥蜴蝘蜓守宮四名轉相解、至陶弘景以爲其類有四種、按此說不然東方朔云、若非守宮即蜥蜴二物分稱亦已久矣、

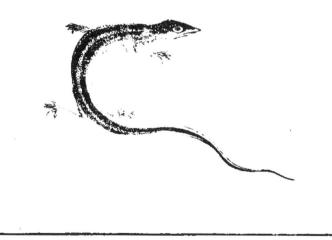

螟蛉有子蜾蠃負之

傳螟蛉桑蟲也蜾蠃蒲盧也集傳螟蛉桑上小青蟲也似步屈蜾蠃土蜂也似蜂而小腰取桑蟲負之於木空中七日而化爲其子○爾雅果蠃注即細腰蠭也俗呼爲蠮螉陶弘景云雖名土蜂不就土中作窟謂摙土作房爾

ジガバチ

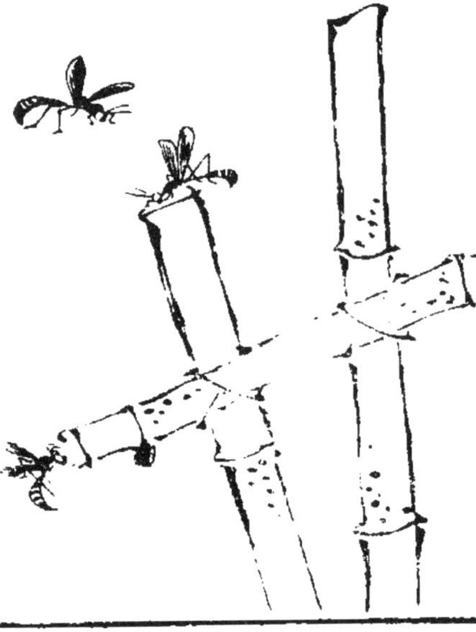

爲鬼爲蜮

傳蜮短狐也集傳江淮水皆有之能含沙以射水中人影其人輒病而不見其形也○柳宗元云射工沙蝨含怒竊發中人形影動成瘡痏倭中未聞有此物

去其螟螣及其蟊賊

傳食心曰螟食葉曰螣食根曰蟊食節曰賊集傳皆害苗之蟲也○揵爲文學曰此四種蟲皆蝗也實不同故分擇之爾雅翼云今食苗心者乃無足小青蟲既食其葉又以絲纏集衆葉使穗不得展江東謂之橫蟲音如橫逆之橫言其橫生又能爲橫災也然按蝗字通有橫音以爲物雖不同皆害稼之屬也按蝗蟊類此方如實蔵蟲爲然據羅說蝗橫災之義然則害禾稼之蟲皆可施四名不必辨其形可也

營營青蠅 見蒼蠅

卷髮如蠆 サソリ

箋、蠆螫蟲也、尾末捷然似婦人髮末曲上卷然、釋文通俗文云、長尾爲蠆短尾爲蠍

莫予荓蜂 ハチ

集傳蜂小物而有毒〇蜂本作蠭

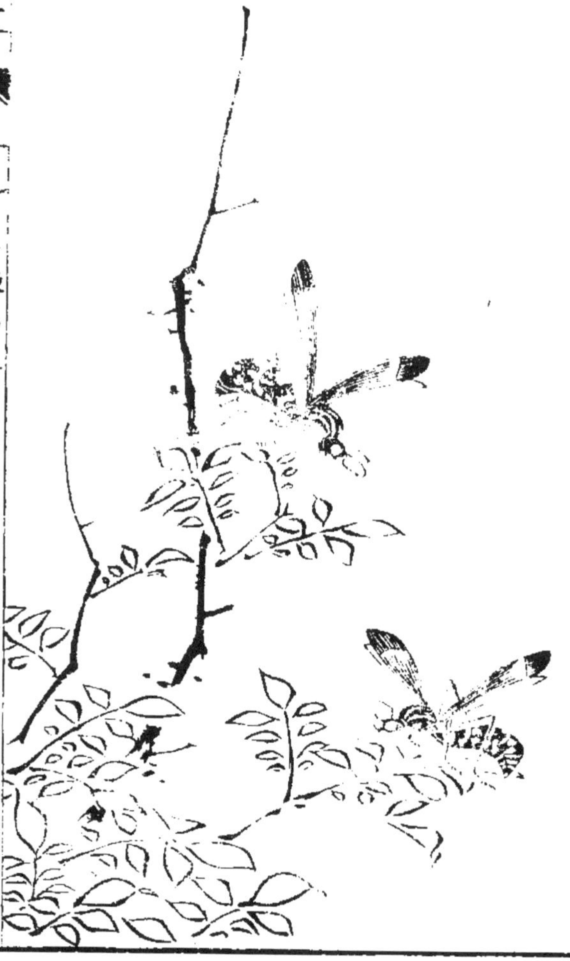

毛詩品物圖攷卷六終

毛詩品物圖攷卷七

浪華岡元鳳纂輯

魚部

魴魚赬尾 ヲシキウヲ

集傳魴身廣而薄少力細鱗〇魴一名鯿陸疏魴魚廣而薄肥恬而少力細鱗魚之美者埤雅細鱗縮項闊腹其廣方其厚褊故曰魴亦曰鯿正字通小頭縮項闊腹穹脊細鱗色青白腹內甚腴舊說埋捺葛子

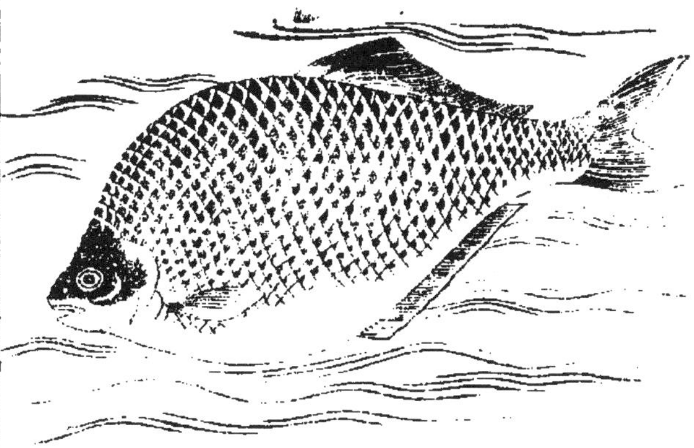

和爲魴松岡氏云魴是屋施吉烏和生近江湖中扁身細鱗大僅三四寸吾國河中無魴如屋施吉烏秘未見其大者

鯧

鱣鮪　發發　フカ

傳、鱣、鯉也、集、傳、鱣魚、似龍黃色、銳頭、口在頷下、背上腹下皆有甲、大者千餘斤傳、鮪、鮥也、集、傳、鮪似鱣而小、色青黑（）孔、疏、鱣、大魚似鱏而短、鼻口在頷下、體有邪行、甲無鱗、肉黃、大者長二三丈、江東呼為黃魚、陸疏、鮪似鱣而青黑、頭小而尖、似鐵兜鍪、口在頷下鮪、鱣屬、或為施㛮者非是、

其魚魴鱮

傳鱮大魚箋魚子也○鱮未詳蓋魴鱮之類毛以爲大魚釋敝笱不可制之義耳非謂至大之魚也註家必引盈車之鱮成說非是

其魚魴鱮 タナゴ

傳魴鱮大魚箋似魴而弱鱗朱傳鱮似魴厚而頭大或謂之鰱○埤雅鱮魚性旅行故字從與亦謂之鰱也失水即死弱魚也其頭尤大而肥者或謂之鱅

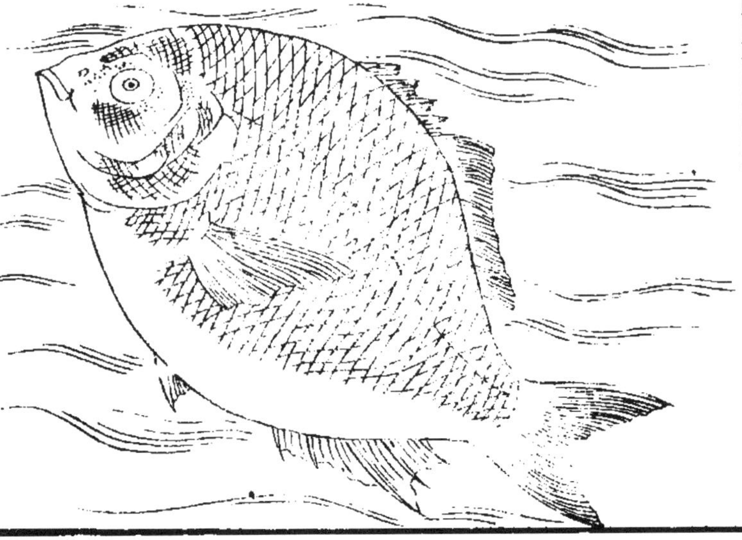

汉河之鯉 _{コヒ}

卷七

綠鱗鯉

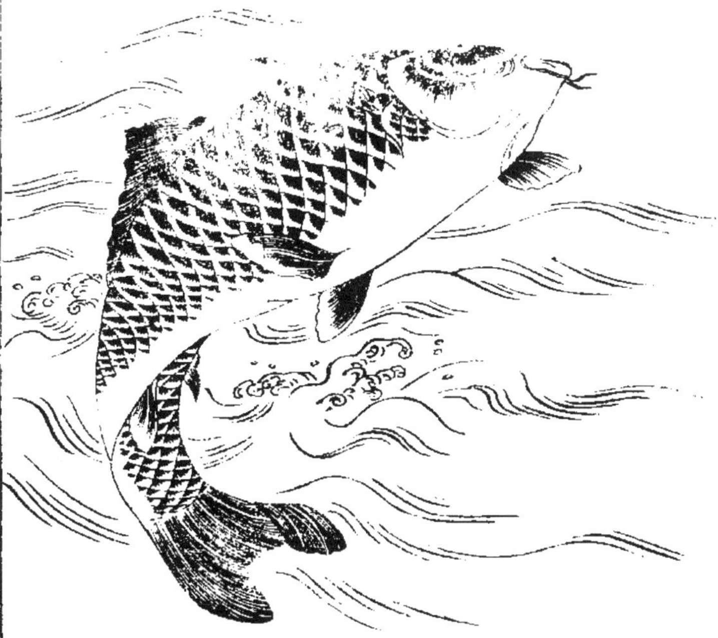

九罭之魚鱒魴

傳鱒魴大魚也集傳

鱒似鯶而鱗細眼赤

○埤雅鱒魚圓魴魚

方

魚麗于罶鱨　沙魚

鱨　ギギ　鯊　ハゼ

傳鱨揚也集傳今黄頰魚是也似燕頭魚身形厚而長大頰骨正黄魚之大而有力解飛者○稻氏云伊賀州荒木川有魚形似燕青色能飛躍名施耶十土人食之疑此鱨魚也此說未詳姑録備考

傳鯊鮀也集傳魚狹而小常張口吹沙故又名吹沙○集傳狹而小本陸疏通雅云鯊吹沙小魚黄皮黒斑正月先至身前半闊而扁後方而狹陸氏以爲狹小非也

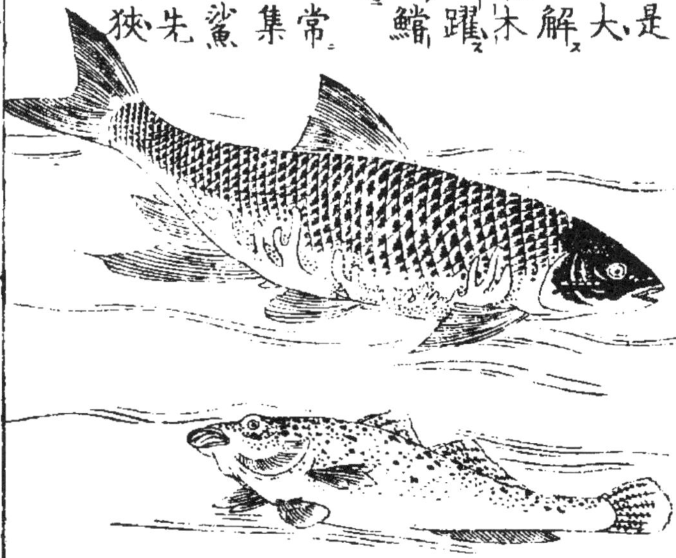

魚麗于罶魴鱧

傳鱧鮦也集傳又曰鯇也

○舊說恙紫眠烏柰已非

也鱧華中産者近世舶載

來此方未見

魚麗于罶鰋鯉

傳鰋鮎也

南有嘉魚

箋南方水中有善魚

集傳嘉魚鯉質鱒鯽

肌出於沔南之丙穴

○嚴緝下文樛木非

木名則嘉魚亦非魚

名

炰鼈膾鯉 ドウカメ

我龜既厭

カメ

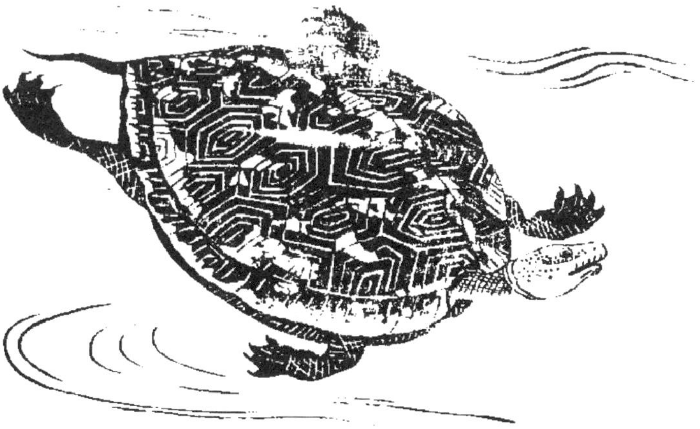

成是貝錦　錫我百朋

タカラガヒ

傳貝錦錦文也集傳貝水中介蟲也有文彩似錦古者貨貝五貝為朋○說約埤雅錦文如貝孔疏錦而連貝知為貝之文也注似從孔氏貝大者或至一尺六七寸九真交趾以為杯槃故可與小文為對

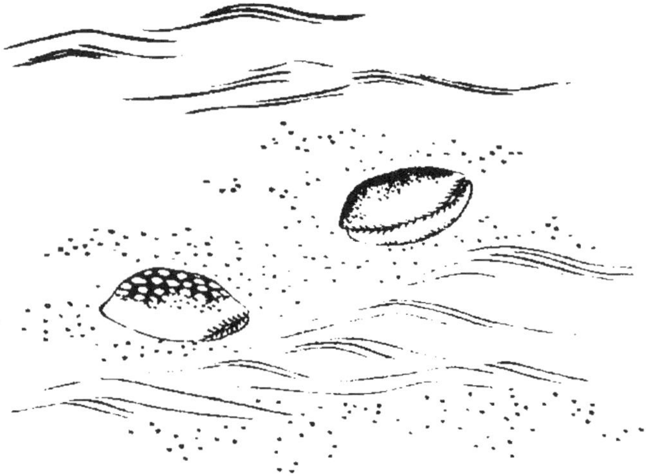

鼉鼓逢逢 カノイヽヽ

傳鼉魚屬集傳似蜥蜴長丈餘皮可冒鼓○物類品隲云

鼉龍蠻產迦阿異埋模形如守宮蛤蚧有四足頭尾皆鱗甲三尖尾長半身在咬嚠吧暹羅洋中害人

龍旂陽陽

鰷 鱨 鰋 鯉 ヤナギハヱ

傳鰷白鰷也○古義説文云鰷白條也其形纖長而白故曰白鰷又謂白儵此魚好游水上故莊子觀於濠梁稱儵魚出游從容以爲魚樂明遂其性也

毛詩品物圖攷卷七終

自古說詩而辨厥名物者亡慮數十家而其義叢脞學者鮮折衷矣梁有毛詩圖三卷唐有毛詩草木蟲魚圖二十卷宋有馬和之毛詩圖久既失其傳吾日本嘗有稻若水先生者自以多識之學始有小識之撰其徒相續有纂述未見圖畫其形狀者也友人岡公翼有慨于茲說詩之暇遍索五方親詳名物使畫

人橘國雄寫其圖狀系以辨說裝爲三策於戲考據之博擬肖之真所謂說詩辨物者於此乎可以備資正焉乃今而後使讀書家無鄭漁仲之嘆者實公翼賛成之惠也哉余亦嘗有多識之癖不得不喜躍斯舉因題其後云

天明甲辰孟冬之吉浪速木孔恭識

友人藤益衡書

天明五年乙巳春發

畫工　浪華　挹芳齋國雄

剞劂　平安　大森喜兵衛

山本長左衛門

書林

浪華　大野木市兵衛

江戸　須原茂兵衛

浪華　衢　文　佐

平安　北村四郎兵衛

作者及版本

岡澹齋(一七三七—一七八七),字公翼,名元鳳,號白洲,通稱元達。生於大阪,幼有神童美稱,年長時開始學醫。入菅甘穀學門攻讀漢詩文,時片山北海組合混沌社即入社,留有許多警句美談。對《本草》頗有興致,著書除了《毛詩品物圖考》以外,還有《離騷名物考》《香橙窩集》等。

《毛詩品物圖考》爲四孔線裝和式刻本。書高二十六厘米,共三册。第一册封面題簽「毛詩品物圖攷,草部一之二」。内封印有「岡公翼先生纂輯,毛詩品物圖攷,書坊平安、杏林軒、浪華、五車堂仝梓」字樣。正文之前,分别載有東讃紫邦彦的《詩經品物圖攷序》,西播那波師曾撰並書寫的《毛詩品物圖考序》,浪華岡元鳳撰寫的《毛詩品物圖攷序》。序文後爲《目録》,第一册載卷一之卷二草部。第二册載卷三木部至卷四鳥部。第三册載卷五獸部、卷六蟲部、卷七魚部。最後載有吉浪速木孔恭的跋文,發行日期爲天明五年(一七八五)。全書無蟲蛀,字跡圖畫均清晰明麗,便於閱讀與欣賞。